JN330262

過去問で効率的に突破する!

「FP技能検定」勉強法

栗本 大介

Daisuke Kurimoto

同文舘出版

はじめに

1993年12月7日。

冬の寒さが厳しくなり始めたこの日、一人の女の子がこの世に生を受けました。

父親の名は栗本大介。

22歳の大学生だった私が、家族に対する責任を初めて意識したこの日から、ファイナンシャル・プランナーとしての第一歩が始まっていたのかもしれません。


この本を手に取られた皆さんが、ファイナンシャル・プランナーに興味を持たれたきっかけはそれぞれだと思いますが、私自身は「早くに結婚をして家庭を持ったこと」が大きなきっかけになりました。

もちろん、最初から「お金のことを学ばないといけないからファイナンシャル・プランナーの資格を取ろう」なんて考えていたわけではありません。そもそもこの時には、まだファイナンシャル・プランナーという言葉すら知らなかったのですから。

家族持ちの新入社員だった私は、生活にはお金がかかるという当たり前のことを少しずつ実感するようになります。それと同時に、お金のことを真剣に考えたことがないことや、知らないことが多いということにも気づき始めます。

そのような環境の中で、当時勤めていた資格スクールがファイナンシャル・プランナーの試験対策講座を始めることになりました。たまたま担当した同期の友人に誘われ、講座を受けてみたら、知りたかったことや興味のあることが次々と出てきたので、その面白さにどんどんと引き込まれることになったのです。

当時は関西での「生講義」がなかったので、講師の先生に会うために、東京の担当者の方にお願いをしてコーディネートしていただきました。週末を利用して東京に行っては、様々な先生からお話をお聴きしていくうちに、この世界で仕事をしていこう、という思いが強くなっていったのです。

そして1995年に日本ファイナンシャル・プランナーズ協会のAFP資格、1997年に上級資格であるCFP®資格を取得し、講師業を始めたのですが、実際に相談の現場で活かしていきたいという思いから、実務を学ぶために生命保険会社に転職。3年間の勤務を経て、2001年、29歳の時にファイナンシャル・プランナーとして独立をしました。

それから12年。

この間に数多くの個別相談と、様々な場所での講演をしてきた私が、今一番やりたいことは、ファイナンシャル・プランナーの知識をもっと多くの人に広げることです。

資格を取得する人が増えることはもちろんですが、そこまでいかなくとも、自分の生活に必要となる「お金まわりの知識」を持っている人をもっともっと増やしたいのです。

世の中の仕組みはどんどん複雑になっています。それに重ねるように、ややこしい金融商品が販売され、知らぬ間に大切な資産を減らしてしまうというケースが後を絶ちません。お金との関わりを一切持たずに生活をすることができない以上、生きるために必要な知識として、「お金まわりの知識」をみんなが身につけておくことが必要な時代になっているのだと思います。

そして、この「お金まわりの知識」を身につける第一歩として私が最適だと思っているのが、ファイナンシャル・プランナーの資格を目指した学習です。

そこで、ファイナンシャル・プランナーに興味を持たれた方に知っていただきたいことをまとめるために本書を執筆しました。

今の時点では「ファイナンシャル・プランナーって何だろう？」という程度の認識であってもまったく問題ありません。本書を読み進めていくうちに、「面白そう」「役に立ちそう」と感じていただければ、これほどうれしいことはありません。

もちろん、最初から「資格を取りたい」と考えている方にもぜひお読みいただきたい本です。資格を取得する道として、独学からスクールの利用まで様々な手段がありますが、数多くの手段の中から自分にとって最適な方法を選ぶことは容易ではありません。

本書では、２章から4章で、資格や試験制度の概要から勉強方法、試験直前期の過ごし方まで、私自身が16年に及ぶ講師経験の中で見つけた「資格を取得するために必要な最適な方法」をすべて書いておりますので、これから学習を始められる方に「まず読んでいただきたい内容」となっております。

本書が、皆様のＦＰ資格の取得に、そして、これからの人生に、少しでもお役に立つことを願っています。

過去問で効率的に突破する！「ＦＰ技能検定」勉強法◉目次

はじめに

1章 ファイナンシャル・プランナー資格のススメ

2章 ファイナンシャル・プランナー資格を目指そう！

3章 過去問を中心にした効率的な勉強法

4章 試験直前が勝負！ 確実に点を取る勉強法

5章 ファイナンシャル・プランナー知識はこんな場面でも身につけられる

6章 ファイナンシャル・プランナー試験に合格した先に広がる世界

カバーデザイン／齋藤稔（G-RAM）
本文DTP／シナプス

CFP®、CERTIFIED FINANCIAL PLANNER®、およびサーティファイド ファイナンシャル プランナー ® は、米国外においては Financial Planning Standards Board Ltd.（FPSB）の登録商標で、FPSB とのライセンス契約の下に、日本国内においては NPO 法人日本 FP 協会が商標の使用を認めています。

FP

1章

ファイナンシャル・プランナー資格のススメ

FPの魅力

ファイナンシャル・プランナー（以下、ＦＰ）の資格を取得する魅力として、何をおいてもまずお伝えしたいのは、**自分自身のこれからの生活の役に立つ**、ということです。

通常、資格試験というのは「その分野の専門家になるための知識を問う」ものですから、学習内容も当然、「専門分野を深く掘り下げる」ことが必要です。その点、ＦＰ試験の学習内容は、「**生活にまつわるお金まわりの知識を広く浅く習得するもの**」ですから、自分が生きていくうえで知っておくに越したことはないお金の知識を、包括的に学ぶことができます。

これは、「学習したことがそのまま自分の生活に役立つ」ことを意味しますし、さらには、「身近な人のためにも役立てる」ということでもあります。もちろん、学習した結果を形に残すためにも資格の取得は目指すべきですが、たとえ途中でやめてしまうことになっても、それまでに学習したことを活かせる場面が必ず出てくると思います。

そして、「広く浅い知識」というのは、一見、中途半端で役に立たないようにも感じますが、幅広い知識をバランスよく身につけることで、**次のステップに進みやすくなる**という面もあるのです。

例えば外国語の習得を想像してみてください。

「フランス語の翻訳の仕事をしたい」ということが目的であれば、「フランス語」という専門分野を深く掘り下げる必要があります。一方、「海外旅行が好きだから、できるだけ多くの国に行って、現地の人と話をしてみたい」ということが目的であれば、基本的な日常会話ができる程度で十分なので、なるべく多くの国の言葉を知るほうがいいですよね。

英語、フランス語、ドイツ語、ロシア語、中国語、韓国語……など、行きたいと思う国で、簡単な意思疎通ができる程度の会話力を身につけるためには、広く浅く学ぶことが大事になります。そして、この「幅広い国の言葉を一通り話せる」という力は、自分自身の海外旅行の際に役に立つことはもちろん、友人と旅行に行く時にも頼りにされるものです。

さらに、「私はドイツが気に入ったからドイツ語をもっと勉強したい」ということになった時も、基本的な単語などを知っているだけに、次のステップへ学習が進めやすいというわけです。

お金まわりのことも同じように、日々の家計管理のことから、生命保険や損害保険、年金や税金、資産運用など、今の日本で生活していくためには、これらのこととまったく無縁でいることはできないので、広く浅く知識を得ることで、自分自身に対してはもちろん、自分の身近な人たちにも役立てることができるのです。

そして、自分が旅行を楽しむために習得した外国語の知識を深めていけば、例えば海外からの観光客に対する通訳業務や「海外旅行の時に知っておくと便利な英会話」という形で講座を開講したり、本を書いたりなど、収入を得る手段にできる可能性があるのと同じように、最初は広く浅かったＦＰの知識も、仕事として活かせる場面が出てくる可能性が十分にあるというわけです。

次に、仕事としてのＦＰの魅力もお伝えしたいと思います。

６章でも述べますが、ＦＰ資格を活かせる仕事というのは、本当に幅広い分野にわたります。まずは、**銀行や証券、保険などの金融機関**。最近の金融機関は、自社で扱う商品が

「広く浅い知識」が仕事につながるイメージ

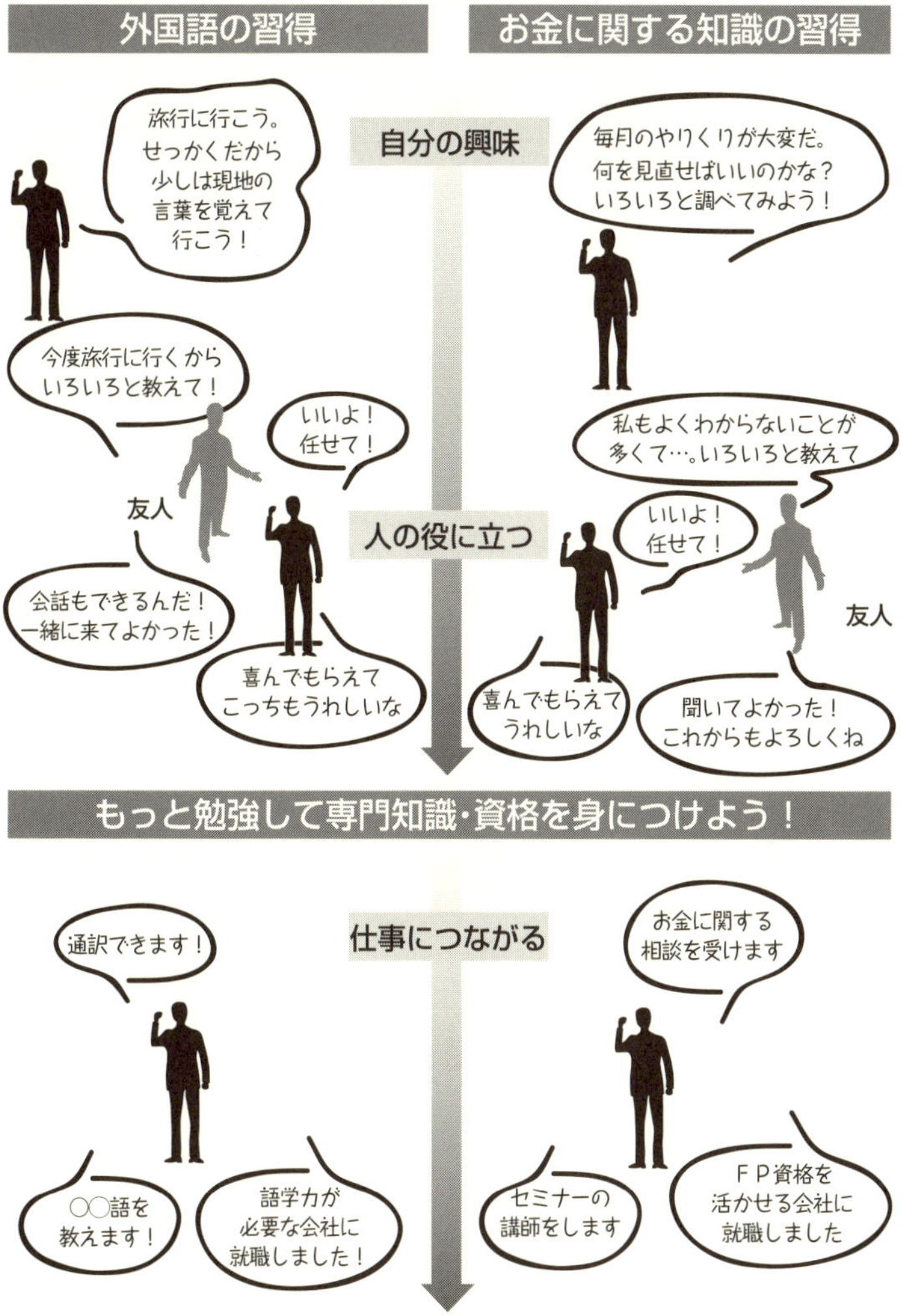

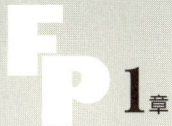

様々な分野に広がっているうえ、お客様からの多様な質問等にお答えできなくてはいけませんし、商品の提案の際にも、単に商品の特徴などを伝えるだけでは物足りず、お客様のライフプランに合わせた提案をしていくことの重要性が高まっています。

そのため、ＦＰの資格取得を奨励している会社が多くなっていますし、一定以上の役職になるためには資格取得を義務付けているケースも珍しくはないようです。金融機関によって大きく違いがあるようですが、そういう意味では「資格を持っていると役に立つ」ではなく、「資格を取ることが必然」といえるかもしれません。

また、**税理士や社会保険労務士、弁護士、司法書士、行政書士などの専門職**の方でも、クライアントとの会話の中で、ご自身の専門分野以外のことが出てくることは多くあります。その際に、「専門分野じゃないから私は知りません」という方と、「それについては、こういうことを考えていけばいいと思いますよ」というように幅広くアドバイスすることができる方では、お客様の反応も違ってくることが想像できます。つまり業務の幅が広がるというより、**お客様との信頼関係、絆などを深めることができる**のです。

ちなみに、私が専門分野のひとつとして取り組んでいる「相続」分野のご相談では、亡くなった方の名義になっている不動産や預貯金、証券をどうしていくのか、また、保険や年金の手続きや、引き継いだ財産をどのように管理していくのかなど、まさにお金まわりの知識が同時に必要とされてきます。この場合、最初の取っかかりとして、FPが役に立てるケースが多いように感じています。そのうえで、「ここから先は税理士に」「ここから先は司法書士に」というように、専門家との橋渡し的な役割を担うことができます。

さらに、会社の中で**人事や労務、総務関係の業務をしている人や労働組合の活動をしている人**にとっては、社会保険の手続きや年末調整関連の書類のやりとり、社内融資制度を利用した住宅ローンの相談など、従業員から寄せられる様々な分野の質問に答える際に、FPの知識が役立ちます。

このように、プライベートでも仕事でも大いに活用することができるFPの資格ですが、その最初のステップである3級FP技能士試験は、合格率が60％台後半と、国家試験としては比較的高く、受かりやすいという点も魅力といえるかもしれません。やはり、学習したことが資格という形に残るのはうれしいことですし、何かひとつのことをやり遂げたという自信にもつながるのではないでしょうか。

資格を取るためには、その学習のための時間を投資する必要がありますし、学習方法によっては、決して安くない費用がかかることもあります。しかし、その結果、自分に自信が持てる、しかもその知識が自分自身とまわりの大切な人のためにも役に立ち、仕事として活用することもできるなら、**かけたコストに対して得られるものは何倍にもなる**。まさにこれこそが、ＦＰの魅力だと自信を持ってお伝えします。

仕事としてのＦＰを考えた場合、プライベートで普段から人の相談を受けることが多い人や、複雑な仕組みや溢れる情報を、相手にわかりやすく伝えることに喜びを感じる人にぴったりの仕事といえます。

もちろん、いいことばかりでないのは、どんな仕事でも一緒だと思いますが、基本的にＦＰが関わる相談は**「将来に向けた前向きな話」が多い**ので、あまりストレスを抱え込むことがないという面もあります。

ただ、最近では「生活が厳しい」という相談や、貸金業法の改正に絡む多重債務の問題を抱えている方からのご相談、離婚関連の問題や親の介護問題など、すぐには解決策が見出せない深刻な相談が増えている面もあります。

トラブルが絡んでいたり、法的な対応が必要になれば、弁護士などの専門家にお任せしないといけませんが、そういった各方面の**専門家と協働して業務を行なえる**ことも、FP業務の魅力といえるかもしれません。

実際、学習内容（2章参照）を見てもおわかりいただける通り、FPが学ぶ分野は多岐にわたりますから、実務の中でも様々なことに関われます。他の専門職の方と一緒に仕事をすることで経験も積めるし、何よりも新たな情報に触れる機会が非常に多いので、飽きません。そして知識や情報に対するバランス感覚を身につけることができる点も大きな魅力といえるでしょう。

そういう意味では、好奇心旺盛な方にも向いている資格だと思います。

FPになろう！ ～FP資格取得は難しくない～

では、FPになる（FP資格を取得する）ためにはどうすればいいのでしょうか？

ファイナンス（Finance）を直訳すると「**財政、金融**」のことで、プランナー（Planner）は「**計画を立てる人**」ですから、ファイナンシャル・プランナーを一言でいうと、「**お金の計画を立てる人（専門家）**」ということになります。

つまり、FPになるための試験は、お金の計画を立てるための知識が身についているかどうかを見るもので、そのために「ライフプランニングと資金計画」「リスク管理（保険）」「金融資産運用」「タックスプランニング」「不動産」「相続・事業承継」という6つの分野の基礎知識を学ぶことが必要です。

ちなみに「ファイナンシャル・プランナー」という名称は、「コンサルタント」や「アドバイザー」と同じように、試験などに合格していなくても、名乗ること自体は自由なので、必ずしも資格の取得が必須なわけではありません。しかし、面識のある人は別として、初めて会う人に対して「自称」では信用されることは難しいでしょう。

資格を取得することだけがすべて、というわけではありませんが、こういった点も含めて、学習した効果を形に残し、まわりの人にもそのことを知ってもらうには、試験に合格し、資格を取得するのがいいのではないかと考えます。

現在、日本におけるFP資格としては、「特定非営利活動法人（NPO）日本ファイナンシャル・プランナーズ協会」（以下、日本FP協会）が認定する「AFP（Affiliated Financial Planner）」と「CFP（Certified Financial Planner）」、厚生労働省が認定する「ファイナンシャル・プランニング技能士（1級〜3級）」（以下、FP技能士）の2種類がありますが、これらの試験に合格した人を総称して「ファイナンシャル・プランナー」と呼んでいます。

FPの資格を取得するためのルートはいくつかあり、実務経験などのある方は、いきなり「2級FP技能士」の試験を受検（検定試験なので「受験」ではなく「受検」と表記します）することができますし、「日本FP協会」の認定教育機関で認定講座の受講を修了すれば、やはりいきなり「2級FP技能士」から受検することができますが、多くの方は最初のステップとして「3級FP技能士」にチャレンジすることになると思います（試験の流れの詳細は2章1項参照）。

資格試験にチャレンジ！　というと、ハードルが高くて身構えてしまう方も多いかもしれませんが、FPで学ぶ内容は**日常生活に直結することが多く、**興味がわくことで学習が継続しやすいこと、検定試験が年3回行なわれているうえ、最初のステップである3級FP技能士試験の合格率が60％～70％と高いこともあり、比較的取得しやすい試験といえます。実際に学生の方や主婦、定年退職された方など、仕事とは少し距離を置いている方々が受検されるケースも増えていますし、忙しい日常の中でもスキマ時間をうまく活用して学習することで、見事に合格を達成されています。

もちろん、試験ですから「絶対」はありませんが、あまり身構えず、「せっかくだから一度やってみようかな」という気持ちがあれば、自信を持ってチャレンジしてください。

ＦＰ資格が役立つ場面

ＦＰの魅力として、学んだ知識が自分自身の生活に役立ち、まわりの大切な人のためにも役立ち、仕事として活用することもできるということはすでに述べました。

「生活に関するお金の専門家」といっても漠然としていますし、試験の勉強課目だけを見てもイメージがわきにくいかもしれませんので、ここではもう少し具体的に、ＦＰの知識が役に立つ場面を見ておきましょう。

■社会人になり立ての頃

学校を卒業して仕事をするようになると、それが正規社員であれ、非正規社員であれ、定期的な収入が入ってくるようになります。収入を得るようになると、**収入金額に応じて所得税や住民税などの税金がかかったり、年金や健康保険などの社会保険料が引かれたりする**ようになりますが、そもそもこの仕組みがよくわかっていないケースが多いようです。

例えば、毎月の平均月収が26万円の会社勤めの方がいた場合、給料から差し引かれる厚生年金保険料は約2万2000円になります。では、毎月この保険料が差し引かれることで、どんな恩恵を受けているのでしょうか？

「年金」というのは「老後の収入の柱になるもの」で、「将来退職した後に国からもらえるお金」という漠然とした情報は持っているかもしれませんが、では、具体的に何歳からいくらぐらいのお金がもらえるのか、と聞かれれば、多くの人は「さあ……？」となるのではないでしょうか。

ちなみに、ずっと給料が変わらず、制度の改正もなく40年間働くとしたら、支払う保険料の合計額は1056万円になります（2万2000円×12ヶ月×40年間）。

ボーナスも含めると、支払い総額はもっと多くなりますが、自分がよくわからない仕組みのために、これだけのお金を支払うと思うと、ちょっと不安に思いませんか？

このように、国が準備している年金のことを公的年金といいますが、この仕組みについては「ライフプランニングと資金計画」という課目の中で学習します。それによって、公的年金の仕組みがわかれば、自分が今後どの程度の保険料を支払うことになるのかはもちろん、その結果、何歳からどのぐらいの年金を受け取ることができるのかを把握することができます。ここまでを把握して初めて「この金額では足りないから他の手段でも準備しておくほうがいいな」とか「これだけもらえるのなら、とりあえずは大丈夫かな」という自分なりの結論が出せるわけです。

もし「この金額では足りない」と思うのであれば、不足する分を埋めるだけの資金を準備できるように毎月の収入から積立をする、ことが考えられますし、「とりあえずは大丈夫かな」と思うのであれば、「老後資金」として別途用意する必要はありませんから、その分今の生活を楽しむことができます。こういった判断が自分でできないと、「老後のためには○○円を残さなければならない」という世間の情報に振り回され、もしかしたら必要のなかった金融商品を購入してしまうかもしれません。なお、公的年金は、老後の資金の他に障害状態になった際や、亡くなった際の遺族の生活保障となる給付もあります。

さらに、税金や社会保険制度は、毎年何らかの改正が行なわれますから、仕組みを知っていなければ、いたずらに不安だけが募ることにもなりかねません。

こうした、**とても身近なのによくわからない制度について知ることができる**のは、ＦＰを学習する大きな魅力のひとつといえます。

■金融商品を購入する場合

毎月の収入をすべてその月のうちに使っている場合は別ですが、**「今すぐには使わないお金（貯金）」が出てくれば、それをどのように保管するか**を考えなくてはなりません。

この場合、最初に多くの人が利用するのは銀行等の「預貯金」でしょう。この時点では「自宅の近くや勤務先の近くに店舗があって便利」という理由で利用する金融機関を選ばれても、それほど利息に大きな差は出てきません。その後、少しずつ貯金額が増えていき、ある時、銀行の窓口で「資産の分散と効率的な運用のために、資金の一部を投資信託にされるのはいかがですか？」という提案を受けたとしましょう。あなたはどうされますか？

ここで、「資産運用の基本的な考え方」や「投資信託の仕組み」等について基礎知識を持ったうえで話を聞くのと、何もわからないまま話を聞くのとでは、大きな違いが出てくる可能性があります。

お金の運用には大きく分けて「**貯蓄**」と「**投資**」があり、それに合わせて金融商品も「貯蓄型商品」と「投資型商品」に分類することができます。

「貯蓄型」とはいわば守りの運用。大きく儲かる（増える）ことはないけれど、損をする（減る）こともないという商品が貯蓄型商品で、銀行の預金やゆうちょ銀行の貯金などがこの典型的商品です。一方の「投資型」は攻めの運用。元のお金が減ってしまう可能性がある反面、うまくいけば大きく殖やせる可能性があります。

「投資信託」は大きく分けるとこの「投資型」商品に分類されますが、実は同じ投資信託でも商品によってその内容はずいぶん違います。なぜなら「投資信託」というのはひとつの商品を表わす名前ではなく、不特定多数の投資家から集めたお金を専門家がまとめて運用し、その利益を分配する仕組みの金融商品全般を指す用語でしかないからです。つまり、一言で投資信託といってもその中には極めて貯蓄型に近いものもあれば、投資型そのもので価格の変動が非常に大きいものまでいろいろあるわけです。

こうした「運用商品」を自分自身で利用する場合、やはり考え方の基本を知っておくことが重要となります。そうでなければ、説明されている商品が自分自身に合っているかどうかを判断することができないわけですから。

■会社を退職する場合

会社にお勤めの方であれば、いつかは退職する時がきますが、その時には考えるべきお金の話題がたくさん出てきます。

会社を辞めるタイミングというのは人それぞれですから、必ずしも「定年退職」ばかりとは限りませんよね。中途退職ということであれば、もしかするとすぐにでも自分の身に起こる出来事かもしれません。

では、退職の時に関わってくるお金の話題にはどんなことがあるでしょうか？

まずは退職に伴って**退職金**が支払われる場合、そこから差し引かれる**税金**の問題が出てきます。もちろん、それなりにまとまった金額を受け取った場合は、その**お金の管理（運用など）**のことも考えなくてはなりません。また、**健康保険や年金**など、各種の社会保険の手続きが必要です。

例えば健康保険であれば、会社に勤めている時には「健康保険」や「共済」等の被用者健康保険に加入するのが一般的ですが、退職後は「**国民健康保険**」に入ることが原則です。

この場合、保険料の負担や給付の内容がどのように変わるのかを知っているか知らないかでは、その時点の不安度合いがずいぶん違ってくると思います。

また、会社を辞めた後も、勤めていた際の健康保険をそのまま継続するという方法もあるのですが、じゃあ、どっちのほうがいいの？　なんてことを判断する必要が出てきます。原則通り国民健康保険に変えるのか、それとも勤めていた時の健康保険を継続するのか。制度の仕組みを知っておくことによって、こうしたことも自信を持って判断できるようになります。

他にも、公的年金に関する届け出もあります。

例えば、結婚して退職し、**配偶者の扶養家族となる**ケースでは、国民年金について、勤めていた時の「第2号被保険者」から、「第1号被保険者」や「第3号被保険者」に変更しなければいけません。でも、こうしたことがよくわからず、手続きを忘れていたために、将来自分自身が受け取る年金額が少なくなったり、場合によっては受け取ることができないという事態になれば、知らなかったばかりに大きな不利益を被ってしまう可能性があるわけです。

そして、退職後、すぐに別の会社に就職するのであればいいのですが、そうでなければその間の生活を守る必要があります。**失業保険**（雇用保険の基本手当）が、いつから、いくらもらえるかなども大事な情報です。

ここであげた内容は、退職に伴って考えるべきことの一例ですが、これだけを見ても「なんだか知っておいたほうがよさそうかも……」と感じることが多いのではないでしょうか？

これらはすべて、ＦＰ資格を取得するにあたって学習する内容に入っているのです。

いくつかの例を見てきました。

もちろん、この他にも「お金のことを考える瞬間」というのは、数多くありますが、そのすべてにおいて「こういうことを知っておけばよかった」という基本的な知識や情報があります。そして、こうした基礎知識を幅広く身につけられるのがＦＰの学習というわけなのです。

私自身ＦＰとして、前述のような人生における様々な場面でどうしようかと迷われている方からご相談を受けたり、必要な情報をお伝えしたりしています。

このように、仕事としてのＦＰは、学んだ知識を基に、お客様一人ひとりの現状を把握し、課題を確認し、将来の希望を実現するための最適な方法を考え、夢や目標の実現をお手伝いする存在ですから、この「お客様」が自分自身だと考えれば、自分自身に役に立つことが想像していただけるのではないでしょうか。

つまり、**ＦＰの知識を身につけることによって、生活の中で関わる「お金の課題」については、かなりの部分を自分自身で解決することができるようになります。**

この本で一番お伝えしたいことも実はこのことなのです。

現在は「情報過多」社会ですから、お金の問題に限らず、基本的な知識や情報を持たなければ、巷に溢れる情報に振り回されてしまいますし、専門家に聞くにしても、「このアドバイスは自分にとってどうなのかな？」という程度のことは、自分で判断できるだけの知識を持っておくほうがいいというわけです。

自分に必要なものを判断する力

そもそも「教える立場の人＝その分野の専門家」にもいろいろな人がいて、必ずしも自分が知りたい情報や知識を教えてくれるわけではありませんし、持っている知識のレベルにも大きな差があります。ましてや、**お金に関わる情報には「これが正解」という客観的な答えがないケースも多い**のです。

先ほどの例で「金融商品を購入する」ケースを考えてみてください。

最終的な答えとして、「○○の投資信託を利用しましょう」という意見もあれば、「○○の株式を購入しましょう」「米ドル預金をしましょう」「投資商品は利用せずに定期預金にしておきましょう」という様々な意見があり、このうちどれが「正解」というわけではありません。

大事なことは、「今の自分にとっては何がいいのか」を判断する力です。

そのためには「基本的な知識を身につけること」が大切だというお話をしてきましたが、それと同時に「**複数の意見を聞くようにすること**」も大切です。

以前私が実家に遊びに行った時、母から「これ1回読んでみたら」と、渡された雑誌（『文藝春秋』２０１２年９月号）の記事がありました。その内容は「在宅医が教える看取りの常識、非常識」というもの。

その記事の冒頭に、「現在、年間死亡者数の8割が病院で亡くなると言われています。しかし、たった約40年前は、8割以上の方が自宅でお亡くなりになっていました。この逆転現象は世界でも類を見ない、日本だけに起こっている事態です」と書かれていたのですが、これは今まで私がまったく知らなかった情報でした。

もちろん、どちらがいいか悪いかという話ではありません。実際にはケースバイケースで、「最期が病院でよかったなあ」ということもあるでしょう。しかし、少なくとも「病院で亡くなるというのは、決して当たり前のことではないのだ」という事実だけでも知っておけば、医師から「自宅に帰るのは危険です」といわれた時に、その言葉だけを鵜呑みにする必要がないかもしれませんよね。

こういうことは、お金の面でもよく出てきます。

例えば「ある程度まとまったお金がある場合、一部は投資性の商品を活用したほうがいい」と専門家にいわれたら、「やはりそうですよね」ということになってしまうと思いますが、一方では「無理に投資をしなくてもいいんですよ」という意見もあります。

両方の考え方があるということだけでも知っておけば、最初に聞いた専門家の意見だけを鵜呑みにせず、「他の人の話も聞いてみよう」とか、「ん？ そうとはいい切れないんじゃないかな？」と冷静に考えることができます。

私は、ＦＰとして独立をした当初から「国民総ＦＰ化を目指したい」ということを公言してきました。その意味を簡単にいえば「国民の多くの人がＦＰの知識を身につける世界をつくる」ことです。

そうすれば、お金にまつわる不安の多くを軽減することができますし、世の中の金融トラブルの多くがなくなるのではないかと考えているので、試行錯誤をしながらも実現に向けて日々活動しているわけです。

ここまでの話を読んでいただいて、

「それは栗本さんがＦＰだから考えるんでしょう？　別にそんな知識なくても困らないと思いますよ」

というご意見をお持ちの方もいるかと思います（そのような方は、この本を手にしていないかもしれませんが……）。

そこで少し視点を変えて、もしＦＰの知識（お金まわりの知識）がなかったらどうなるのか、ということも想像しておきたいと思います。

■知っておくに越したことはないお金の知識

まず、お金まわりの知識があろうがなかろうが、毎日の生活を送るためにも、一般的には家族の誰かが働いて収入を得るという行為が必要になります。義務教育である中学校まで通っていれば、日常生活に出てくる範囲の数字の計算はほぼわかりますし、文字を読んだり書いたりすることも大丈夫でしょうから、日々の生活で困ることはないでしょう。

そして、最初の頃はお給料を毎月全部使い切ってしまうかもしれませんが、そのうちに、何か欲しいものが出てきたり、旅行に行きたいなと思ったりして、そのためにはお金を残しておかなければいけないことに気づいて貯金をすることになるかもしれません。

20年～30年前であれば、お給料が振り込まれる銀行にそのまま預けておくだけでもそれなりに利息がついていたでしょうし、他の金融機関と比較するほど商品の違いもなく、迷うなんてことはなかったでしょう。また、銀行の扱う商品で個人が普通に利用するものには「元本割れ」が発生する投資型の商品はありませんでしたから、貯めていたお金が減る、ということを考える必要はなかったでしょう。

しかし今の時代、自分にその気がなくても「お金を貯めるなら、この商品のほうがいいですよ」とか「この機会に投資を始めませんか？」というお誘いを受けるかもしれませんし、「1年後、2年後も大事ですが、将来のための貯金もしておかないといけませんよ」と、個人年金の商品をすすめられるかもしれません。

誤解しないでいただきたいのは、こういった商品を利用することがいけないとか、間違っているなんてことは一切ないということです。自分の考えに合った商品であれば、積極的な活用を考えていけばいいのですが、金融商品に関する知識や情報がなければ、その商品が自分に合っているかどうかさえ判断できないということを理解いただきたいのです。

これはつまり、**情報の出し手がいってくることを信じるしかないという、不安定な状況に置かれている**ことを意味します。その結果、いざお金が必要な時に元本割れをしている、解約したら大きくお金が減ってしまっていた、なんてことになってしまうかもしれないわけです。当然、思いのほか増えていてラッキーという結果になることもあり得るわけですが。

その他にも、例えば「家を買おう」ということになった時、自分が組める目一杯の住宅ローンを組んでしまい、後々ローンの返済に困るかもしれませんし、便利だからとクレジットカードを使い過ぎて、その後の支払いに困るかもしれません。

「子どもの教育資金を必要な時期に向けて計画的に準備する」ということも始めるきっか

けがなくて、いざという時に困るかもしれません。

保険についても、すすめられるままに加入することで、それがたまたま自分にぴったり合っていれば問題ないかもしれませんが、もしそうでなければ、不必要なものに多くのお金を支払ってしまうことになるかもしれません。

これらすべての話は「かもしれない」ということばかりですから、反対にいうと「なんとかなる」かもしれません。でも、そうするとお金まわりの多くのことが偶然性に支配されることになるため、とても不安定な状態になってしまいます。たまたまいい担当者に巡り合うこともあるでしょうが、残念ながら、あなたのことを一番に考えてくれていない、あるいは、知識そのものが不十分な担当者に当たることがあるかもしれません。でも、結果については100%自分に降りかかるわけですから、「知らなかった」だけでは済まされません。

そう考えると、やはり「お金まわりの知識」というのは、**知らなくてもなんとかなるものというよりは、「知っておくに越したことはない」**ように思えてきませんか。

ちなみに、必要が生じた都度、インターネットで調べたり、その分野に関わる本を読んだりする人は多いと思いますが、この場合でも検索サイトでヒットした数多くの情報や、書店に並ぶ数多くの書籍の中から、自分が求めている内容を見つけるのは大変です。特にインターネットでの情報収集では、たまたまヒットした情報に、必ずしも正しいことが書かれているかどうかはわかりません。古い情報が更新されていないかもしれませんし、そもそも専門知識を持たない人が、たまたま調べて知ったことを書いているだけで、その記述に間違いがあるかもしれません。いずれにしても、自分の知りたいことを正確に、自分のレベルに合わせて解説しているサイトというのは、なかなか見つからないものなのです。

また、こんな例も考えてみてください。

お昼ご飯を食べようとレストランに行った時に、メニューが「日替わりランチ」ひとつしかなければ迷うことはありませんが、「Aランチ」と「Bランチ」の2つになると、それぞれの中身がどんなものかを知りたいですし、知らなければ選びようがありません。さらに「Bランチはジェノベーゼです」と説明された時に、「ジェノベーゼ」が何であるかを知らなければ、やはり選びようがないですよね。

でも、だからといって、世の中にあるすべての料理の名前を覚える、なんてことは必要ありません。

自分自身の生活範囲の中で困らないだけの食材や料理の名前がわかっていたら、何も困ることはありませんし、私のように「辛いものは苦手」という認識があれば、よくわからない料理がメニューに並んでいても、「これは辛いですか？」という質問さえできれば、自分が食べられない料理が出てくる、という状況を避けることができます。

お金まわりの知識も同じで、すべての金融商品や保険商品や考え方、制度、仕組みなどを覚える必要はなく、ベースになる部分をしっかりと押さえていれば、致命的な結果になることは避けることができると考えるわけです。

その「ベースになる部分」を押さえる、つまり「生活にまつわるお金全般についての知識」を得るには、ＦＰ資格を取得するための勉強をするのが一番だと思います。

仕事としてのＦＰの魅力

ここまでは、ＦＰ資格を取得することで、主に日常生活で役に立つことをお伝えしてきましたが、ここからは資格取得が仕事でどの程度役に立つかを見ておきます。

２０１３年8月現在、日本ＦＰ協会の会員数は19・1万人です。この他に金融財政事情研究会（48ページ参照）で資格を取得した人がいるので、ＦＰ資格を持っている人だけを数えると数十万人はいると思います（金融財政事情研究会経由で資格を取得された方の正確な数はわかりませんが、２０１２年1年間の３級学科試験の合格者数は約8万人となっています）。

「自分のために資格を取得する」という人がそれなりの数いるとは思いますが、仕事としてＦＰ資格を活用している人は、大きく分けて「**企業系**」と「**独立系**」に分かれます。

この点についての詳細は6章でお話ししますが、一般的に「企業系ＦＰ」とは、主に銀行や証券会社、保険会社などの金融機関や住宅メーカーなどで働いているＦＰ資格者のことを指し、日本において、仕事でＦＰ資格を活用している人のうち、9割以上がこの「企業系ＦＰ」といわれています。

一方で「独立系ＦＰ」とは、特定の金融機関に属さず、ＦＰ資格そのもので仕事をしている人を指すことが一般的です。

このように、仕事としてのＦＰには「企業系」と「独立系」があるわけですから、当然資格を取得した人の働き方としてもこの２種類が考えられます。

特に「企業系ＦＰ」が主に活躍する金融機関では、自社で扱っている商品の知識だけではなく、お金まわりに対する幅広い知識が必要な場面が増えていますから、すでに述べた通り、ＦＰ資格の取得を奨励しているケースが増えています。これはつまり、ＦＰ資格を取得することは、金融機関などで働く場合に役立てることができるということです。もちろん、資格を持っていることで就職が有利になる、というわけではない点はご理解ください。また、士業といわれる専門職の事務所でも、ＦＰ資格を役立てることはできます。この点は本章「ＦＰの魅力」の項で触れていますが、自分自身の専門分野以外のことを質問された場合、ＦＰの知識を持っていることで、かなり幅広い案件に対応することが可能となります。

一方の独立系ＦＰは、日本ではまだまだ少ないのが現状です。

「お金まわりのことを相談したい」というニーズは多いものの、「相談料を払ってまでは……」と考えている人が多いのかもしれませんし、そもそも自分自身の家計や貯蓄のことは、たとえ専門家であっても人には知られたくない、という思いも根強いのではないかと思います。

それでも、最近では「FPに相談する」という人がずいぶん多くなっています。**「行動に出る前に、まずはちゃんと知っておきたい、内容を確認しておきたい」という人が増えている**のでしょう。

海外の事情が日本に当てはまるかどうかはわかりませんが、欧米ではFPのような金融機関から独立した立場の専門家（IFA＝Independent Financial Advisorと呼ばれています）に相談することや、こうした専門家を通じて金融商品を購入することが一般的な国もありますので、今後は日本でもこのような動きが広がる可能性はあるかもしれません。

また本書の中でもお伝えしているように、こういったお金まわりの基礎知識（ファイナンシャル・リテラシー）を多くの人に知ってもらうための活動というのも、独立系FPの大切な役割です。これには講演活動でお話をすることや、インターネットや紙の媒体などを通じて情報提供することなどがあります。

このように、仕事としてのFPは、**日本ではまだまだこれから伸びていく分野**だと思います。その波を捉えるためにも、興味を持たれた今、FP資格取得に向けての第一歩を踏み出してはいかがですか？

10年後の自分を想像しよう

10年後、あなたは何歳になっているでしょうか？

その時にどんな世の中になっているかは想像の世界でしかありませんが、確実にいえることは「今の年齢＋10歳」になっていることです。

25歳の方なら35歳に、40歳の方なら50歳になっているのです。

では、**その時、自分がどのようになっていたいですか？　言い換えれば、どのようになっていれば幸せですか？**

私たちFPがお客様と一緒にライフプランをつくる時、現状と同時に「将来の希望」を確認していきます。ゴール（将来の希望）の方向がはっきりしていないと自信を持って前に進むことができませんし、そもそもゴールがどこにあるのかわかっていなければ、どの道を進んでいいかさえわからないですからね。

もし、今までそんなこと考えたこともない、という方はぜひこの機会に考えてみてください。

考え方の一例をあげてみましょう。

例えば、今30歳の人がいるとします。やりたいことはたくさんあるでしょうが、「10年後には自分で買った家に住んでいたい」という目標があるとしましょう。

では、そのために今やるべきことはなんでしょうか？

もちろん、家を買うためには、その家がどんな家なのかという具体的なイメージが必要ですよね。一戸建てなのかマンションなのか。中古なのか新築なのか。住む場所はどこなのか、などなど。

こういったことを少しずつ具体的にしていく中で、希望の物件はだいたいいくらぐらいで買えるのか、という予算が出てきます。

ここではその金額を４０００万円としましょう。

じゃあ、この４０００万円を10年後に用意するためにはどうしたらいいでしょう？

「今の貯金が２００万円だから、あと３８００万円必要だな。10年間で３８００万円だから、1年で380万円？　今の年収が手取りで400万円だから……。絶対無理じゃん！」

いえいえ、ちょっとお待ちください。家を買う際に手持ちの資金だけで賄う人はあまりいません。一般的には「頭金」だけを準備して、残りは住宅ローンを組むことになるでしょう。

では、頭金はいくら必要でしょうか？

一般的には「住宅ローンとして借りられる金額は物件価格の8割程度」といわれていますから、残りの2割を頭金にするとして800万円。そのうちの200万円が準備できているとしたら、あと600万円ですから、1年あたり60万円。かなり現実的になってきました。

ここまで来て初めて、じゃあ、毎月3万円の積立と、ボーナスの時に24万円の積立をしよう！　というように、今やるべきことが具体的になってきますし、じゃあ、どんな商品を利用すればいいのかな……という次なる検討課題に移ることができます。場合によっては「月3万円の積立は厳しいけど、何か無駄なことをしていないかな？」というように、家計の見直しにつながってくるかもしれません。

つまり、**「今、何をすればいいのか」ということは、「目標からの逆算」で考えるのが一**

番わかりやすく、行動につながりやすいということです。

もちろん、お金の面だけではなく、どの業者から買うか、周辺の環境はどうなのか、勤務先までの通勤はどうなのかなど、様々なことを同時に考えていく必要があるでしょう。

いずれにしても、ゴールが定まることにより今やるべきことが見えてくる。しかもその中ではお金の面での準備が少なからず影響する、ということになりますから、あえて大げさにいえば、自分が希望する未来を実現するためにもお金まわりの知識は身につけておくほうがいい、ということになるのです。

「毎日の生活の延長に将来の姿がある」のは事実ですが、その毎日の生活の中に**「希望する将来の姿を実現するための行動」を少し取り入れる**だけで、もしかすると10年後の自分の姿は大きく変わってくるのかもしれませんよね。

私自身、こういったことを節目節目に考えてきましたし、42歳となった今でも、常に5年後、10年後の自分の姿を、仕事面とプライベート面の両方からイメージしています。その中には、達成できたことも、達成できなかったこともありますし、思うように結果が出ずに苦しんだ時期も多くあります。もちろん、途中での軌道修正も数多くあります。それでもＦＰの知識を学んでいたことで、その時々に何を考えるべきか、何に注意するべきかということがわかっていたため、漠然とした不安というものを感じることは少なかったのではないかと思います。

「10年後なんてどうなるかわからないから、考えるだけ無駄」というのも、もちろんひとつの考え方ですが、「こうなりたい姿」というのが少しでもあるのでしたら、「今の行動をどうするか」によって、その姿に近づけるかどうかが決まってくるのも事実です。そして、その中には普段の生活を含めた「お金とのつき合い方」が影響するわけですから、「なりたい自分になる」ためにも、これらは必要となる知識ではないかと思います。

FP

2章

ファイナンシャル・プランナー資格を目指そう！

FP技能検定とはどんな試験?

日本におけるFP資格には日本FP協会が認定する「AFP」と「CFP」、そして厚生労働省が認定する「FP技能士（1級~3級）」の2種類があることは前章で触れました。そして、これらの資格を認定する検定試験は、日本FP協会と金融財政事情研究会が実施しています。

そもそも日本に初めてFPが紹介されたのは1970年代といわれていますが、資格として定着する契機のひとつとなったのは、1987年の日本FP協会の設立です。その後、1990年代に入ってからの金融自由化を背景に、資格取得者が急増し、世の中のFPに対するニーズも高まってきました。そして、2002年4月10日に公布された、職業能力開発促進法の一部を改正する政令によって、「技能検定を行なう職種」について、「ファイナンシャル・プランニング」が追加され、国家資格として認定されるようになったのです。

日本ＦＰ協会が認定する上級資格のＣＦＰは、ＡＦＰ資格を取得した後でないと取れません。また、厚生労働省が認定するＦＰ技能士は、１級〜３級の３段階に分かれており、原則としては３級から順に取得する必要がありますが、一定以上の実務経験を有する場合は、いきなり２級を受けるなどのように、飛び越えての受検も認められています。

試験制度は、両者がバラバラに存在するのではなく、相互に関わりあっているため、かえってややこしいことになっていますが、通常、**初めてＦＰ資格を取ろうとする場合は、「３級ＦＰ技能士」を受検するか、「ＡＦＰ」を受験するか**になります。

３級ＦＰ技能士には受検資格が特に設けられていませんので、独学で勉強して受検をすることも可能ですが、ＡＦＰは「日本ＦＰ協会が認定するＦＰ養成講座」を認定教育機関（資格のスクールなど）で受講し、修了しなければ受験が認められていません。ただし、ＡＦＰの試験は、国家資格の２級ＦＰ技能士試験を兼ねているため、試験に合格すると、ＡＦＰと２級ＦＰ技能士の資格を同時に取得することができます。

その後、より高度な資格を目指されるのであれば、ＣＦＰや１級ＦＰ技能士に挑戦することになるわけです。ＣＦＰ試験と１級ＦＰ技能士試験はまったく別物ですが、先にＣＦ

P資格を取得しますと1級の学科試験が免除になるという特典があります。

資格取得を図にすると、左ページのようになります。

また、直近の受験者数や合格率を見ますと、2013年5月実施の試験結果は52ページのようになっています。各年の試験日などの詳細は試験実施機関のホームページなどをご参照ください。


試験は「学科」と「実技」に分かれていて、それぞれ別々に合否判定が出ますが、1級FP技能士の実技試験は、学科合格者しか受検できません。学科試験は択一式のマークシート方式、実技試験は択一問題と記述問題があります。また、金融財政事情研究会の3級及び2級の実技試験は、複数の課目の中からいずれかひとつを選択して受検することになります。学科・実技ともに6割の正答率で合格となります（1級の実技は面接による採点方式。また、CFP試験は合格水準が公表されていません）。

なお、CFP試験は、課目ごとの受験が認められており、試験内容は択一のみで、学科・実技という区分はありません。

試験の流れ

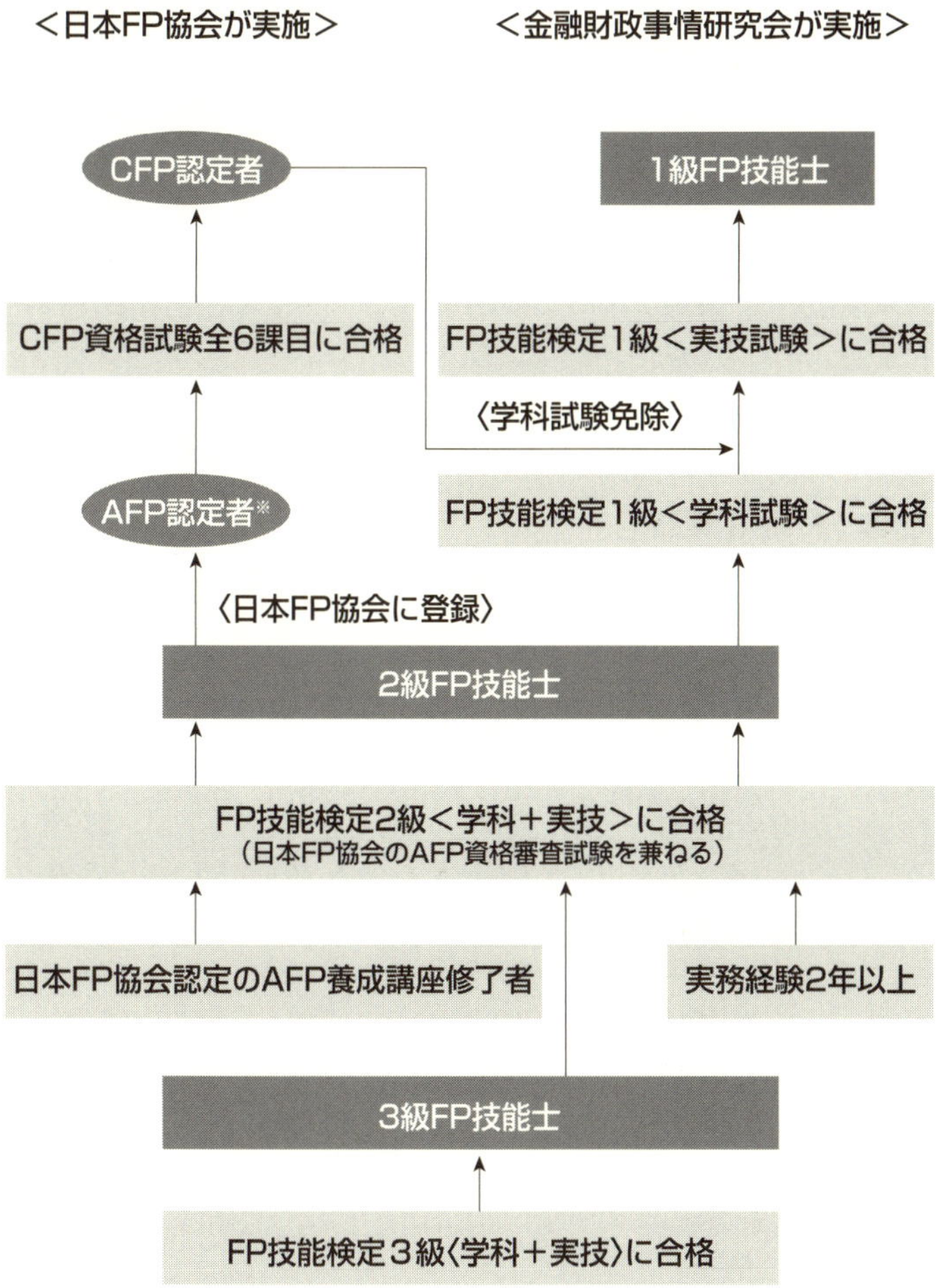

※AFP認定者になるためには、「AFP養成講座修了者」が2級FP技能士試験に合格するか、2級FP技能士試験に合格した後、日本FP協会所定の講座を受講するか、いずれかの要素を満たす必要がある

受験者数と合格率

（2013年5月実施の試験結果）

金融財政事情研究会実施

		受検者数	合格者数	合格率
1級※	学科	5,122人	784人	15.30%
	実技	871人	688人	78.98%
2級	学科	41,724人	11,770人	28.20%
	実技	27,104人	7,900人	29.14%
3級	学科	25,897人	17,659人	68.18%
	実技	29,207人	19,437人	66.54%

※1級は2013年1月実施の学科、2013年6月実施の実技の試験結果

日本FP協会実施

		受検者数	合格者数	合格率
CFP※	6課目一括	197人	18人	9.1%
	金融	1,688人	572人	33.9%
	不動産	1,451人	520人	35.8%
	ライフプラン	1,670人	594人	35.6%
	保険	1,872人	743人	39.7%
	タックス	1,726人	668人	38.7%
	相続	1,815人	695人	38.3%
2級（AFP）	学科	13,509人	6,459人	47.81%
	実技	9,917人	5,814人	58.63%
3級	学科	8,550人	7,069人	82.68%
	実技	8,595人	7,698人	89.56%

※CFPは2013年6月実施の試験結果

一般社団法人金融財政事情研究会：http://www.kinzai.or.jp/ginou/fp/list/fp/result
NPO法人日本FP協会：http://www.jafp.or.jp/examine/

■日本FP協会のFP資格とFP技能士の違い

ＦＰ資格は、国家資格といえども独占業務が認められていないので、両者の資格に関しても明確な違いはないといえます。もっとも大きな違いは、ライセンスの維持に費用がかかるかどうかと、資格取得後に更新があるかないかという点でしょう。

国家資格であるＦＰ技能士は、資格の登録や維持に関して一切お金はかかりませんし、更新もありません。一方、日本ＦＰ協会のＦＰ資格（ＡＦＰ、ＣＦＰ）は、登録時に１万円の入会金が必要で、その後も１年間に１万２０００円（ＣＦＰは登録時と年間会費が別途かかります）の会費がかかります。また、２年ごとに更新が義務付けられており、更新するためには所定の継続教育要件を満たす必要があるのです。これはつまり、「継続して勉強しておかないと資格の更新を認めませんよ」ということで、ほったらかしにしておくと２年間でライセンスが剥奪されることを意味します。

その代わり、ＦＰ協会に登録すると、『ＦＰジャーナル』という１００ページ程度の会報誌が毎月送られてきますし、各都道府県に設置されている支部が中心となって、定期的なセミナーや催し物の開催がありますので、業界の動きなどを間近で感じることができるメリットがあります。

継続教育というと、たいそうに聞こえるかもしれませんが、定期的に開催されるセミナーなどを一定数以上受講すればいいものですし、前述の会報誌についている問題を解くことなどでもセミナーの受講と同じ効果を得られますので、たとえ実務でＦＰに触れる機会がなかったとしても意識さえしていれば更新していくことは問題ないでしょう。

ＦＰ技能検定は独学でも大丈夫！

■勉強時間

「ＦＰの試験は独学でも合格できますか？」

この質問に対する私の答えは「イエス」です。**ＦＰ試験は独学で十分に合格が狙えると**思います。

ただし、独学の場合には「不必要に多くの時間をかけてしまう」という可能性があります。これは「大事な項目」と「捨てていい項目」の取捨選択ができないから、というのが大きな理由で、簡単にいうと、100時間の勉強で合格できるところを150時間かけてしまうということです。とはいえ、実際には1からすべてを自分自身で学習するケースはほとんどなく、**独学というのは「書店にあるFP資格試験のための参考書や問題集を利用して勉強する」ということを指します**から、その本の内容に沿って学習を進めれば、回り道をする心配は少ないと思います。そう考えると、ますます「独学でも問題なし」といえるでしょう。

では、そもそも、合格レベルに達するまでに勉強時間はどのくらい必要でしょうか？

実際のところ、これは「人によって違います」としかいいようがありません。そもそもFPで学習するような内容にまったく触れたことがない人と、仕事などである程度の基礎知識を持っている人では、スタート時点の条件が全然違うわけですからね。

ただ、それでは答えにならないので、今までの経験と勘からあえて目安をいいますと、**3級FP技能士であれば80時間～100時間**の勉強で合格レベルに達するのではないかと思います。1日1・5時間程度の勉強で2ヶ月～3ヶ月という感じですね。そして**2級FP技能士ならば200時間**程度。やはり1日1・5時間の勉強と考えて、4ヶ月～半年という感じでしょうか。

ただし、2級FP技能士を3級FP技能士試験の直後に学習するのであれば、このうち100時間は3級の学習時に消化していると考えても差し支えないので、3級の学習＋100時間程度で十分だと思います。

CFPや1級FP技能士は、難易度が急に上がることで人による差が大きくなるため、見当がつけにくいですが、課目ごとの受験が認められている**CFP試験であれば、1課目につき30時間〜50時間程度**を目安にされるといいのではないでしょうか（2級レベルの知識があることが前提です）。

経験と勘とはいいながら、この時間数には私なりの根拠があります。

今までに、資格スクールや大学のエクステンションセンターなど、様々なカリキュラムの受検対策講座で講師をしてきましたが、その集大成として2010年7月に「栗本大介のFPスクール」（http://fp-school.net/）というものをインターネット上に開校しました。その際、合格に必要な情報を過不足なく伝えるために必要な講義時間を「3級で30時間、2級で50時間」としたのです（大手の資格スクールも概ねこのぐらいの学習時間になっています）。

つまり、この時間ですべての分野のインプットを終えられるとして、その知識を定着させるための復習時間がほぼ同じ時間～2倍程度の時間、そして、受検対策として重要となる「過去3回分の試験問題をやり込む時間」の合計が、合格のために必要となる総学習時間というわけです。

もちろん、こんなに時間がかからずに合格する方もいれば、これだけやっても全然合格レベルに達しない方もいます。「今までこういった分野に触れたことがないし、飲み込みも悪い……」と思う方は、この目安より少し長めの学習計画を立てればいいですし、「基本的なことはだいたいわかっている」と思う方は、この半分ぐらいの時間でも十分かもしれません。あくまでも目安とお考えください。

そして、ここは勘違いしないで欲しいのですが、**「合格レベルに達する」ことと「合格する」ことは別問題**です。

世の中どういうわけか、試験前の模擬試験などでは合格間違いなしの点数を取りながらも本試験では不合格になるという「本番に弱い方」がいます。間違いなく「合格レベル」には達しているのに「合格」できないというわけです。

残念ながら、試験である以上、それまでの学習をどれだけ頑張っていても、結果がすべてですので、本番で実力が発揮できなければどうしようもありません。

ただし、受検回数には制限がありませんから、極端にいえば「受かるまで受検する」ことさえ決心すれば、いつかは合格します。そこまで極端でなくとも、「合格レベル」までの学習ができているのであれば、2回目か3回目の受検では合格できるはずです。もし、3回以上残念な結果が続いているという方がいたら、学習の仕方が間違っているというよりも、絶対的な学習時間が不足していて合格レベルに達していないと考えるべきでしょう。

■勉強方法

FPの試験も他の資格試験同様、**過去問を中心とした勉強がもっとも効率的**です。なぜならば、試験である以上、「この資格に必要な能力（知識）が備わっているかを確認する」ための学習範囲はしっかりと定められていて、そこから大きく離れた問題は出題されることがないからです。つまり、過去の類似問題が大半を占めるということです。

現在、FP技能検定の試験問題と模範解答は、試験実施団体である日本FP協会と金融財政事情研究会のホームページで公開されていますので、学習を始められるにあたって、

繰り返し学習のイメージ

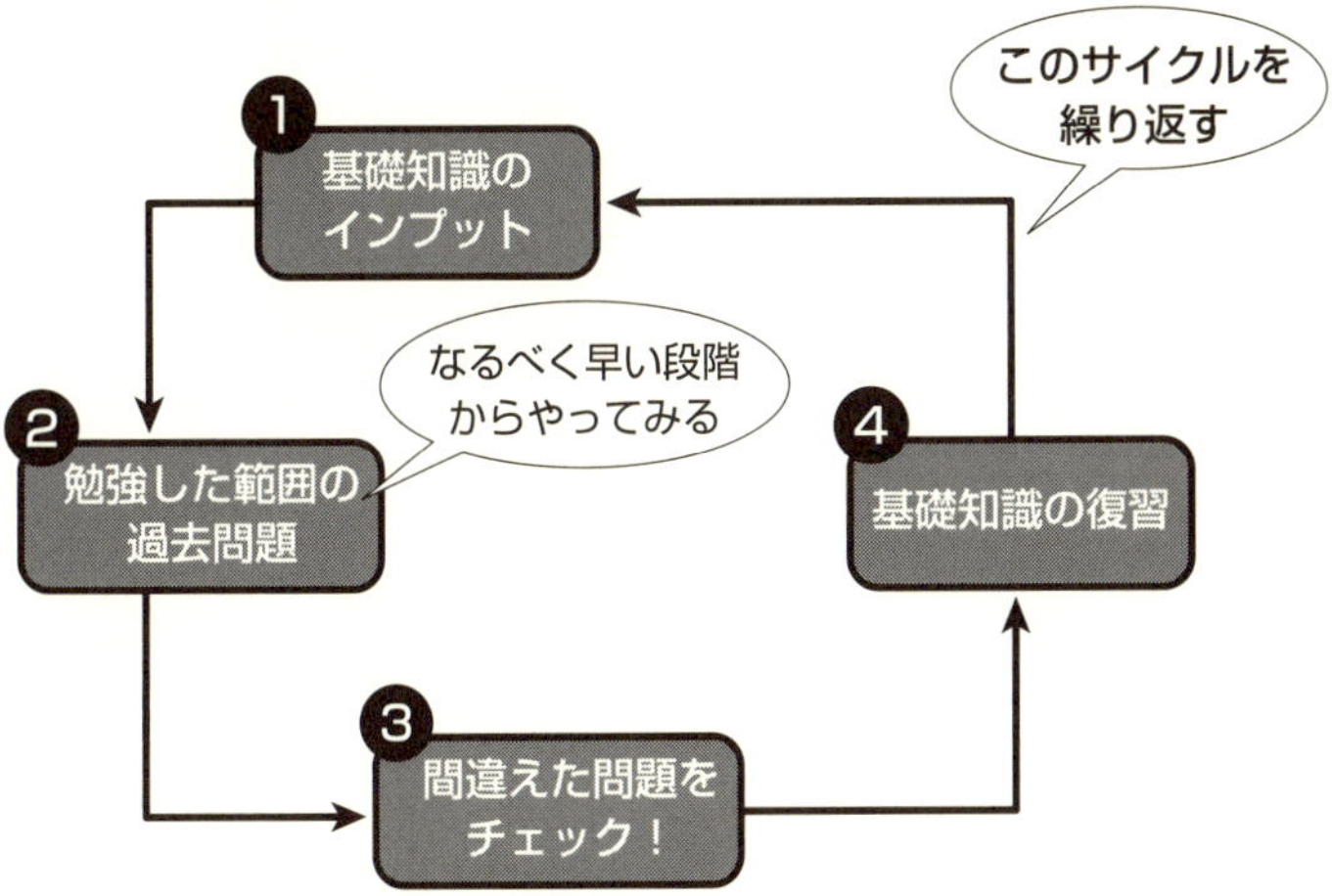

まずはどんな問題なのかを見てみることをおすすめします。ＣＦＰの試験問題はホームページ上で公開はされていませんが、市販の問題集も多くありますから、題材には事欠かないでしょう。

どんなものかを確認するために過去問をチェックすることは別として、基本的な学習の流れとしては、**最初に「一通りの基礎知識」を身につけた後、「過去問をやる」、そして「間違えたところ、わからないところを復習する」ということの繰り返し**が王道だと考えます。

また、ＦＰ試験では、**時事問題といわれる「最近話題になっている事柄」が出題さ**

れることもあるので、新聞やニュースにはできるだけ触れるようにして、FPの学習分野の話題をチェックしておくようにしておきましょう。新聞などにこういったニュースが出る際には、その制度の解説などが書かれていることも多いので、単に時事問題を確認するだけに留まらず、基礎知識の確認にもなり、一石二鳥です。新聞は、やはり経済紙である日本経済新聞がベターです。

なお、資格制度の説明でも触れた通り、日本FP協会のAFP資格を取得するには、「認定教育機関で養成講座の受講」をすることが受験の要件になりますから、独学で学習する道はありません。最低でも、どこかの通信講座などを受講する必要があるという点にご注意ください（2級の試験に受かった後であれば、AFP登録をするためだけの専用講座があり、それを受講することでもAFPとしての登録が可能になります）。

以上、述べてきた通り、FP資格を取得するための学習は独学でも十分可能なわけですが、むしろ一番問題になるのは「**自己管理**」でしょう。独学をされている多くの方は、勉強内容がわからなくなって挫折するのではなく、**学習そのものをやらなくなってしまうケースが圧倒的に多い**のです。つまり、モチベーションが続かないということです。

資格取得が仕事上義務付けられている立場であれば別ですが、多くの人は「自分の意思」で受験勉強を始めます。そのため、本業が忙しくなったり、遊びの誘惑に負けてしまうことで、「まあ今日は勉強しなくてもいいか。明日から頑張ろう」ということになりがちです。そして、想像される通り、この「明日から」がいつまでたっても訪れず、いつしか勉強から離れてしまっている、というパターンが多いというわけです。

このように、途中で挫折しないためにもっとも大切なのは、**「強制的に学習を進められる環境をつくる」**ことか、**「自分なりのペースメーカーを持つ」**ことでしょう。そのためには資格スクールの活用は意味があると思います。

数字は全然怖くない

「私、数字に弱いんですけど、大丈夫でしょうか？」

これも大変よく聞く質問です。そして答えは「まったく問題なし、大丈夫！」です。

ＦＰの学習の中には、確かに数字の出てくる場面が多くありますし、覚えなければいけない公式なども出てきます。しかし、そのすべては、**「小学校で習う算数のレベル」**ですから、**足し算、引き算、掛け算、割り算の、いわゆる加減乗除ができればまったく問題ありません。**

私自身、大学は文系（法学部）ですし、基本的には数字に弱い人間です。それでも、ＦＰの試験に受かったことはもちろんのこと、実務家ＦＰとして15年以上仕事をしてきていますし、受験対策の講座で教える立場にもなっています。

もちろん、こうした過程でだんだんと数字に強くなっている側面はありますから、今では決して数字に弱いわけではないでしょうが、それでも高校レベルの数学などはお手上げの問題が多いですし、経済学やファイナンスの専門的な学習に出てくる数式などはチンプンカンプンです……。

何がいいたいかというと、私自身の経験からもいえることは、数字が苦手という方の多くは**「苦手意識が強過ぎる」**というだけで、要するに「思い込み」に過ぎません。

例えば、左ページの式を見てください。

これは「金融資産運用」の課目で、「債券」という金融商品を学ぶ際に出てくる「利回り計算」の式のひとつです。一見すると「うわ、ややこしそうな数式……」と思われるか

債券利回り計算の式

$$利回り(\%)=\frac{表面利率+\dfrac{売却価格-買付価格}{所有期間}}{買付価格}\times 100$$

もしれませんが、中身を一つひとつ確認していくと、極めて基本的なことの組み合わせであることがわかりますし、仕組みがわかることで、暗記していなくても十分に問題を解くことができます。

「債券がどういうものか」というのはさておきまして、この式の意味をちょっと解説してみましょう。

まず「利回り」というのは、お金を運用する際に、「自分が出したお金に対して、1年間でどれくらいの儲け（利息など）が得られるのだろうか？」ということを「％」で表わしたものです。

100万円の貯金をしていて、1年間に1万円の利息がついた（1万円増えた）としたら、利回りは1％となります。これを計算式で表わすと「1万円÷100万円＝0・01」で、0・01は1％ですから、利回り1％というわけですよね。

ちなみに、「割合と百分率」というのは、小学5年生の算数で習います。

では、先ほどの式を見てみましょう。

分子の左側には「表面利率」と書かれています。これは簡単にいうと「1年間に受け取れる利息」のこと。そして分母には「買付価格」と書かれていますが、これは要するに「自分が出したお金」のことです。ここだけを見ると、先ほどの「100万円を貯金して1万円の利息を受け取る」のとまったく同じことを表わしています。

次に分子の右側。債券というのは貯金と違って、最初に出すお金（買付価格）と、戻ってくる時のお金（債券を売却する時にお金が戻ってくるので「売却価格」といいます）が違う場合があります。つまり、最初は100万円を出して債券を買ったのだけど、その後、債券の価格が上昇して、売る時には105万円で売れた、ということが発生するものなのです。もちろん、債券価格が下落して95万円でしか売れなかった、ということもあり得ます。こういった仕組みについては金融資産運用で学習しますが、ここでは割愛します。

さて、100万円で買った債券が105万円で売れた、ということは、差し引き5万円の儲けがでたことになるわけですが、もうひとつ、買ってから売るまでの期間が何年だったのかが重要になります。「利回り」というのは、「1年間でどれくらいの儲け（利息など）が得られたか」を表わすものでしたから、買ってから売るまでの期間が5年間でしたら、1年あたりの儲けを出すためには「儲けた金額を5年で割る」ことが必要ですよね。今回の場合は「5万円を5年間」で儲けましたから、1年あたりは1万円です。

そして、これを式で表わすと、「売却価格－買付価格」によって儲けの金額を出し、それを所有していた期間で割るわけですから、「(105万円－100万円)÷5年＝1万円」と表わされるわけです。

最後に分子の左側と右側を合わせると、「1年間にもらえる利息」が1万円で「買値と売値の差額による儲けを1年あたりに直したもの」が1万円ですから、合計2万円。最初に出したお金は100万円ですから、「2万円÷100万円＝0・02＝2％」という答えが出てきます（手数料や税金等の要素は考慮していません）。

いかがですか？　おそらく、**初期のＦＰの学習の中で一番ややこしく見えるのはこの数**

式でしょう。でも、まだ学習を始めていない段階でもこうして意味合いを確認すれば十分に理解できるのではないでしょうか。

※もう少し債券について詳しく知りたい方は、次のサイトで動画にて解説をしています。利用するにあたって、ニックネームとメールアドレスの登録だけが必要ですが、無料でご利用いただけますので、ぜひご覧ください。
栗本大介のFPスクール http://fp-school.net

その他、税金の計算や年金の計算なども、基本的な加減乗除の計算の組み合わせですから、数字に関して何も恐れることはないというわけです。

ＦＰ技能検定の課目の特徴

ここまでのところで、ＦＰ技能検定がどういうものかはおわかりいただけたかと思いますが、ここからは具体的な学習内容についてお伝えしていきます。

ＦＰ試験のために勉強する分野は基本的に６課目です。この６課目以外に「ＦＰの基礎」として、ファイナンシャル・プランニングそのものの考え方や制度の概要等を問う問題が「ライフプランニングと資金計画」の課目の中に含まれています。

■ライフプランニングと資金計画

この課目では、ファイナンシャル・プランニングの現状や役割などとともに、ファイナンシャル・プランニングのベースとなるライフプラン（**生活設計**）について学びます。

ここでは、生活設計のベースとなる**ライフプラン表**や**キャッシュフロー表**の作成方法などを押さえたうえで、特に金額的に影響の大きい**「住宅資金」「教育資金」「老後資金」という人生の３大資金**についても学んでいきます。また、３大資金のひとつである老後資金の柱となり、多くの方の関心が高い公的年金を中心に、社会保険制度の仕組みについて押さえることも、この課目の重要なポイントです。


〈主な学習項目〉

ＦＰとコンプライアンス、ライフプラン表・キャッシュフロー表の作成、教育・住宅に

関する資金設計とローンの知識、老後資金設計、公的年金・健康保険などの社会保険の基礎知識、企業年金　など

■リスク管理

この課目では、**生命保険、損害保険**の知識を学びます。自分自身や家族の今後のライフプランを実現していく中で、病気やケガ、事故などの思わぬ事態に遭遇する可能性をゼロにすることはできないので、こうしたリスクが身の回りで発生した時にどれだけの影響があるのか、どれぐらいのお金があれば対応できるかなどを考えたうえで、それをカバーする手段のひとつとしての保険について、基礎知識を身につけることになります。生命保険や損害保険の制度の仕組みや商品知識、保険のプランニングや見直し、保険に関する税金などを学んでいく課目です。

〈主な学習項目〉

リスクマネジメントの考え方、保険制度の仕組み、生命保険・損害保険の仕組みと商品知識、保険プランニングの考え方、保険の見直し方法、保険に関する税金、消費者保護の制度　など

■**金融資産運用**

この課目では、文字通り、金融資産の運用＝**お金の運用**について学びますが、その前提となる**金融や経済の基礎知識**も重要となります。そのうえで、**各種の金融商品の知識、資産運用の考え方や資産運用にかかる税制、金融資産運用にかかる消費者保護の法律等**について学んでいきます。基本的には、他の課目と同じく用語を中心とした暗記項目が多くなりますが、実技試験では利回り計算などの計算問題も出題されるため、仕組みについてしっかり理解することが大切な課目です。

〈主な学習項目〉

金融経済の基礎知識、貯畜型商品の概要、債券投資、株式投資、投資信託、外貨建て商品、ポートフォリオの基礎知識、消費者保護の仕組み　など

■**タックスプランニング**

この課目では、生活に関わる税金、主に**所得税**についての基礎知識を学びます。税金はお金が動くところに必ず関わってくるものなので、ＦＰ試験の学習においては他のすべて

の課目に関連する分野です。税金の中でも特に生活に密接に関わる所得税を中心に、税金に関する基本的な用語や制度の仕組み、計算の流れなどを理解していく課目となります。

〈**主な学習項目**〉

税金の考え方、所得税の仕組みと計算の流れ、住民税について、法人税について、消費税について　など

■不動産

この課目では、不動産についての基礎知識を学びます。不動産というのは主に**土地や建物**のことです。人生の中で一番高い買い物といわれるマイホームはもちろんのこと、親の世代から引き継いだ土地を持っている場合、その土地をどのように活用していくかなどを考える場面が出てくる場合に知っておきたい知識のほか、公共の要素を持つ財産であることから、知っておく必要がある法律の規制などについても学びます。また、**購入、保有、売却という一連の流れの中で税金との関わりが大きい**ことも不動産の特徴なので、こうした不動産に関連する法律、税金、有効活用について学習していく課目となります。宅地建物取引主任者の資格で学習する内容の一部をコンパクトにしたイメージです。

〈主な学習項目〉

不動産の基礎知識、契約の基礎知識、不動産登記法、建築基準法、都市計画法、不動産の取得・保有・譲渡にかかる税金、不動産の有効活用の手法　など

■相続・事業承継

この課目では、人が亡くなった後の**財産の承継（相続）**について学んでいきます。相続をめぐる親族間のトラブルは、最近になってずいぶん話題に上るようになりました。相続そのものは、財産の多少には関係なく必ずいつかは発生するうえ、遺産の分割等をめぐる意見の食い違いなどで家族の争いに発展するケースがありますが、そうならないためにも基礎的な知識を押さえておくことが大切です。また、遺族が受け継いだ財産が一定額を超えると相続税がかかり、納税のためのお金が必要になりますので、このお金を準備するプランニングも検討する必要があります。この課目では、**相続に関する民法の知識**と、**相続税の仕組み**に関する知識を中心に、生前に財産を譲る場合の贈与について学びます。

〈主な学習項目〉

相続の仕組み、法定相続人・法定相続分など民法の規定、遺言、相続税の仕組みと計算の流れ、贈与に関する法律と税金の仕組み、事業承継についての考え方、相続対策　など

以上、FPで学ぶ各課目についての概要を説明しました。学習する順番に特に決まりはありませんが、**税金の知識はすべての課目に関係するので「タックスプランニング」を最初に学ばれるといいと思います**。その後、ライフプランの考え方のベースを身につけるための「ライフプランニングと資金計画」を学ぶのが望ましいといえます。その他の課目は特に順番を気にすることはありません。

合格までのスケジュールをつくる

受験を決心したら、次に考えなければいけないことは、合格までのタイムスケジュールです。

具体的には、「何月の検定試験を受けるのか？」「1日何時間の学習時間を確保できるの

か？」「具体的な学習方法として何を利用するのか？」の3点を決めましょう。

■受検する月を決める

FP技能士の2級と3級の試験は年3回、1月・5月・9月に行なわれます。年によって日付は違ってきますが、概ね1月と5月は最終の日曜日、9月は第2週目の日曜日に行なわれることが多いようです。

そこで、まずはご自身の生活パターンなどから、受検する月を決めましょう。その際、試験日に予定がないかどうかはもちろんのこと、より大切なのは**試験前1ヶ月間の生活をよく考えること**です。

例えば1月に受検を考えた場合、試験1ヶ月前というのは、年末年始の時期。年末年始は家族や友人と旅行に行くなど、行事が多くて勉強どころではない、という方は1月受検を避けるべきでしょうし、一方で、年末年始はまとまった休みが確実に取れるから、この時期に集中して勉強をしたいと考えるのであれば、1月受検が一番いいタイミングだと考えられます。

ちなみに「**法律や税制などの改正の影響**」を気にする方は多いようです。通常、**1月と5月の試験は「前年10月1日時点施行の法令等」に基づいて解答し、9月の試験は「当年4月1日時点施行の法令等」に基づいて解答することになる**のですが、この点はあまり気にする必要はないと思います。しいていえば、5月は惑わされることが多いかもしれません。改正事項が決まるのは4月の年度替わりのタイミングが多いので、5月試験の直前に新しい数字などが出てくるため、本来試験には「改正後の数値」は関係ないのに、「気になってチェックしてしまう」ということになりがちだからです。

新しい改正事項を押さえることは重要ですが、改正点を押さえ忘れていたから不合格だった、などということにはまずなりません。「**改正によって左右されない幹の部分の知識**」さえしっかりと身につけていれば確実に合格点を取ることができます。

■確保できる1日の学習時間を決める

受検月が決まれば、次に「平均的に1日どのぐらいの学習時間を確保することができるか」を考えてみましょう。この時に大切なのは「ゆとり時間」を確保しておくことです。

受検を決心したタイミングというのは、いってみれば一番気持ちが盛り上がっている時です。そのような時に決めるスケジュールは、得てして**目一杯詰め込みがち**です。

「だいたい平日は20時までには家に帰れるから、ご飯を食べて、少しゆっくりしてお風呂に入ったとしても22時～24時までは勉強できるな。じゃあ、1日2時間で考えよう」

気持ちとしてはとてもよくわかりますし、合格のためには多少の無理も必要かと思いますが、こういう計画は途中で挫折しがちです。このあたりは自分自身の性格や実際の生活パターンによって考えればいいのですが、おすすめなのは**「自分が考える時間の3分の2程度」で計画する**ことです。

「1日2時間（120分）」であれば、「80分程度」にする感じです。そのうえで、1週間のうち勉強できそうな日数が5日間だとすれば「80分×5日＝400分」となります。

3級の学習時間の目安として、まったくの初心者の場合、90時間程度をイメージしていただいたかと思います。90時間は5400分ですから、先ほどの400分で割りますと「13．5」。つまり、13週間～14週間ですから、試験日から逆算して14週間（3ヶ月半）ほど前から学習をスタートするという計画になるというわけです。

ここでは、あえてきっちりとした数字を出しましたが、実際には「思い立ったら学習を始める」というスタンスでも問題ないと思います。やる気になれば、1日2時間、3時間の学習時間を確保することは難しくないはずですから。

ここまでのスケジュールを組んだら、あとは実行するのみです。

小学校の頃の夏休みを思い出してみてください。夏休みが始まって宿題をやるスケジュールを立てる時にはやる気もあり、綿密な計画を立てていたのに、気がつけば計画倒れ……。残り日数が短くなって慌てて宿題を片付ける、なんてことはなかったですか？

私はこのタイプでした。実は今でもそういう傾向があって、計画を立てるのは好きなのですが、いざ実行となると先送りにしてしまうことがしばしばです。結局は締め切り間際の「これ以上は引き延ばせない」というところまできて慌てる、ということを繰り返しております……。追い込まれるからこそ力を発揮するタイプの人もいますから、一概にはいえないでしょうが、できれば計画的にコツコツと学習を進めていくほうが、知識の定着という点でもいいと思います。

さて、最後に「具体的な学習方法として何を利用するのか？」という点ですが、これについて見ていきましょう。

スクールの選び方

資格試験を勉強するにあたっての具体的な学習方法には、大きく分けて「独学」と「スクールの利用」があり、スクールの利用には「通信」と「通学」があります。

「独学」は、前述の通り、「自分の選んだ書籍を使って自分のペースで学習をする」ことですが、「マイペースで勉強できる」ことと、「コストがかからない」ことがメリットである反面、「自己管理ができないと継続できない」ことや「疑問点が出た時にすぐに解消できない」という点がデメリットだといえます。

しかし、それ以上に気をつけなければいけないのは、「**重要度がわからないので、勉強の効率が悪くなってしまう**」という点だと思います。要するに「捨てていい場所」が判定できないというわけですね。とはいうものの、最近の書籍は項目ごとの「重要度」が書かれているタイプが増えていますし、そもそも、捨てていいような部分は記述そのものを割愛しているケースが多いでしょうから、あまり気にしなくてもいいかもしれません。

ちなみに、どの書籍がいいのかは個人の好みによるところですが、基本的に、市販されている書籍は、どれも試験対策として十分な内容になっていますので、あとは体裁や文体、パッと見た時の読みやすさなどのフィーリングで選んでも問題ありません。

次に**「通信教材」**による学習ですが、**最大のメリットは「自宅で講座が受講できる」という点**に尽きます。決まった時間に通うことができなかったり、通える範囲にスクールがない方などには、特にありがたい学習手段でしょう。

通信専用の教材として制作されているケースもあれば、通学の講義風景を収録したものをそのまま通信教材として使用しているケースもありますが、ここでも「品質」として問題のあるところはないのではないでしょうか。

そして通信教材を選ぶ際の最大のポイントは、**わからないことが出てきた場合のサポート体制**だといえます。電話で受けつけてくれるのか、メールによる回答方式なのか、掲示板などで質問することができるのか、などなど、いろいろなパターンがありますが、とにかく、「気軽に聞ける体制」が整っていることは大切だと思います。

一方のデメリットは、独学にも通じますが「自己管理がちゃんとできないと、学習が続かない」という点にあると思います。最初の数回はやる気もあってちゃんとスケジュール

学習形態別のメリット・デメリット

		メリット	デメリット
独学	書籍の活用	・マイペースでできる ・コストがかからない	・継続のためには自己管理が必要 ・疑問点がすぐに解消できない ・重要度が判断できない
スクールの活用	通学	・確実にカリキュラムを消化できる ・疑問点をその場で解消できる ・受講生仲間ができる	・通える範囲にスクールがないと利用できない ・コストがかかる ・先生やスクールとの相性が合わないと継続が難しい
スクールの活用	通信教材	・自宅で講座が受講できる ・マイペースでできる ・地域に関係なく受講できる	・継続のためには自己管理が必要 ・疑問点がすぐに解消できない ・コストがかかる
スクールの活用	WEB講座	・自宅で講座が受講できる ・マイペースでできる ・地域に関係なく受講できる	・継続のためには自己管理が必要 ・疑問点がすぐに解消できない ・一部の講座はコストがかかる

をこなしていても、少しさぼってしまうと教材だけがどんどん溜まっていき、それがさらにやる気を削いでいく……という悪循環になりかねません。

これを解消するためには、**自己管理を徹底するか、適切なペースメーカーを持つこと**が大事です。ペースメーカーにはいろいろなパターンがあり、スクーリングのように「通学コースが利用できる」ケースもありますが、場所の問題などでスクーリングに参加できなければ意味がありませんから、そういう意味で「**確認テスト**」のようなものが定期的にあるものが望ましいのではないかと考えられます。また、自宅で学習する際のスペースや、同居されているご家族等との関係も意識しておくほうがよいでしょう。自分では「みんなが寝静まった後にゆっくりリビングで学習しよう」と考えていても、家族が遅くまでリビングにいたり、遅くまで明るいことが気になって家族からの不満が出るなど、当初思っていた通りに学習が進まないケースもあるからです。

そして最後の「通学」です。

スケジュールが決められていることで、**通い続けることさえできれば確実に学習を進めることができる点、講師が直接前で話をする「生講義（ライブ講義）」の場合は、疑問点を質問すればその場で解決できる点、受講生仲間ができることでモチベーションが維持し**

主なスクールの一覧

通学・通信の実施スクール			現在は通信のみ
TAC	LEC東京リーガルマインド	資格の大原	東京ファイナンシャルプランナーズ
・大手ならではの充実したカリキュラム ・他資格講座の充実 ・スクール拠点の多さ ・受講料が高め	・大手ならではの充実したカリキュラム ・他資格講座の充実 ・スクール拠点の多さ ・通学講座の開講校が限定	・比較的コンパクトなカリキュラム ・スクール拠点の多さ	・大手ならではの充実したカリキュラム ・FPに特化したスクールのため、資格取得後の継続研修などが豊富 ・スタッフもFP資格者 ・通学講座の縮小 ・自習室等の設備はない

通信のみのスクール			WEB講座
ECCビジネススクール	生涯学習のユーキャン	四谷学院	栗本大介のFPスクール
・講義DVDが含まれていての講座価格の安さ	・講座価格の安さ ・他資格講座の充実 ・講義はなしでテキストのみ	・教材の充実 ・講義動画の完成度が高い	・3級講座はWEBで無料受講できる ・2級講座も講義DVDが含まれていての講座価格の安さ ・サポート体制は限定される ・全課目を栗本が担当

やすい点などがメリットとしてあげられます。

また、この受講生仲間とのつながりというのは、時として講座終了後も継続したものとなり、仕事にも活かせる人脈になっていくことも決して珍しくはありません。

一方のデメリットは、主に環境の問題で、そもそも通学できる範囲にＦＰ講座を行なっているスクールがあるか、ということがすべてでしょう。通える範囲に通学で学べるスクールがなければ、この選択肢は考えられないわけですから。

また、これは通信教材の場合でもいえますが、**先生との相性**というのは無視できない重要ポイントだと思います。できれば「無料体験」や「無料視聴」ができるスクールを選び、一度その講師の話を聞いてみるのがいいのですが、ＦＰの講座は課目ごとに講師が変わるケースが多いので、その点も事前に確認しておく必要があります。

いずれにしても「定期的に通う」ということを自分の生活ペースに組み入れることができるかどうかがポイントになるわけですが、特に独学に自信のない方や、過去の経験から通信教材では教材が溜まる一方になってしまう可能性の高い方は、通学を検討されるといいと思います。

私はインターネット上で「栗本大介のＦＰスクール」を開校しています。ＦＰ技能検定の３級と２級の受検対策講座を通信教材で利用できるものですが、３級のインプット講座は、全18回（１８００分）に及ぶ講義をＷＥＢ上ですべて無料で受講していただけます。また、疑問点が生じた時の「質問広場」や、ペースメーカーとなる「校内テスト」なども充実していますので、一度ご覧になってみてください。

FP

3章

過去問を中心にした効率的な勉強法

学習の基本は過去問

この章では、ゴール（試験合格）に向けた効率のよい学習方法を紹介していきます。

ＦＰ試験に限らず、資格試験の勉強を始めるにあたり、もっとも重要なものは過去に本試験で出題された問題（過去問）です。

どのような試験であっても出題範囲というのは決められているうえ、試験の度に範囲が変わるなんてことはありませんから、過去の問題から大きく外れることがないのは、考えてみれば当然です。

ですから、学習の手順としても、**一通りの基本事項をテキストで押さえた後は、なるべく早く過去問を解き始めることが効率のよい学習法**の王道となります。ある程度の基礎知識がある方は、いきなり過去問から始めてもいいかもしれません。

よく「まだ基礎知識がしっかり身についていないのに、過去問をやるなんて早いですよね？」という質問を受けるのですが、これはまったくの誤解です。

「前回の過去問」というのは、「前回行なわれた本試験問題」です。つまり、過去問というのは毎回の本試験そのものですから、その問題で合格水準の点数を得ることは、いわば目指すべきゴールですよね。

何事においても、道を進んでいくうえでゴール（目標）を確認しておくことは大切です。それどころか、どこにゴールがあるかをわかっていないと、一所懸命に時間を費やして進んだ道がゴールからずれていて、「無駄な努力」になってしまう危険がありますから、最初に確認しておくべきことです。

資格試験の学習も同じで、まだ意味がよくわからないことがあったとしても、なるべく早い段階で過去問を見ることで、ゴールを確認し、学習内容が横道に逸れないように意識することはとても大切なのです。知識を頭に入れるインプットは重要ですが、**どれだけインプットしても、それを適正にアウトプットできなければ意味がありません**。

実際、インプットの勉強をしている時には理解したつもりなのに、アウトプット（問題を解くこと）をすると、思うように解けないというケースはよくあります。

ですから、なるべく早い段階で、学んだ知識をアウトプットすることが大切なのです。

ＦＰの学習は6課目ありますので、1課目を終えたらその課目の過去問に取りかかる、というペースがベストだと思われます。

ＦＰ技能士の過去の本試験問題は、試験実施団体である、日本ＦＰ協会と金融財政事情研究会のホームページ上で公表されていますから、簡単に確認することができます。

■過去3回の問題を、3回ずつ行なう

その際、できれば「一番直近に行なわれた試験」はやらずにとっておきましょう。これは、試験2週間ぐらい前を目途に、「模擬試験」として解くためです。

そのうえで、私がいつもお伝えしているのは「**過去3回分の問題を、3回ずつ行なう**」ということです。つまり、直近に行なわれた試験が２０１３年9月試験だとすると、２０１３年5月、２０１３年1月、２０１２年9月の3回分の過去問を行なうということです。

自分なりに「一通りの学習ができた」という段階になったら、本番のつもりで２０１３年9月の本試験問題をやってみて、合格ラインである60％以上の正解が取れるかどうかを確認するというわけです。

ちなみに、この時点で確実に合格ラインである60％の正解を取るためには、それまでに

こなしている過去問では常に80％以上の正解が取れている必要があります。試験ですから「絶対」ということはありませんが、**80％以上の正解がコンスタントに取れていれば、知識的には間違いなく合格ラインに達しています。**

そしてそのためには、過去問を1回だけではなく、繰り返し解くことがとても重要で、前述した「過去3回分の過去問を、3回ずつやっておく」という基準が出てくるわけです。

余力のある方は、さらにもう少し前の本試験問題に取り組まれることもあるかもしれませんが、FPの学習分野は、各課目とも毎年少なからず改正があるため、あまり昔の問題をやると、かえって知識が混乱してしまう可能性があることにも注意が必要です。2年前の問題を新たにやることより、その時間があれば、過去3回分の問題をもう一度やることのほうが有効だと考えられます。

同じ問題を何度もやったら覚えてしまうので意味がないのでは？　という疑問をお持ちの方がいるかもしれませんが、そんなことはありません。というのも、過去問に取り組む際にもうひとつ大事なことは、**過去問を「やった」のと「理解した」のは全然違う、**ということです。

たとえ同じ問題を3回繰り返したとしても、「その問題って、何で1番が答えになるのですか？」と聞かれた時に、**「初心者にわかりやすく説明できる」**ようになっていなければ、ちゃんと理解しているとはいえません。そして、理解するための王道は「繰り返す」ことなのです。

実際、「過去3回分の問題はできたので、他の問題にも取り組むべきでしょうか？」という受講生の方に、「できた」とおっしゃる問題の中の1問をピックアップして説明を求めると、

「えーと、これは何だっけな。確か1番が正解なんだけど、なんでといわれるとうまく説明できないな……」

というケースが少なくありません。確かに「一度はできた」かもしれませんが、これでは「理解」していないわけですから、同じ内容を別の角度から出題された時に答えられない可能性があります。

よく「若い時と違って記憶力が落ちた」とおっしゃる方がいます。脳医学的にどうなのかは知りませんし、もちろんそういうこともあるのかもしれません。でも、私自身が感じるのは「記憶力が落ちた」のではなく、**「同じことを繰り返すことを怠っている」**、**つまり「復**

習が不足している」に過ぎないケースが多いのではないかということです。人は大人になればなるほど、一度聞いたことについて「ああ、それは聞いたことがある。知ってるよ」と思ってしまい、反復練習を怠る傾向があるように思えます。

ぜひ「説明できるレベル」を目標に、繰り返し過去問に取り組んでください。結果的にそれが合格への一番近道になるでしょう。

苦手課目をつくらない秘訣
～課目ごとの学習のポイント～

ここからは、FP試験の６課目について課目ごとの具体的な勉強法を見ていきますが、その前にまず、学習に取り組むにあたって陥りがちな注意点を確認しておきましょう。

■先入観を捨てる

「どうも不動産が苦手で……」

「年金がややこしくてよくわからないんです……」

このような話を耳にすることがよくあります。話を聞いてみると、「勉強を一通りしてみたけど、なかなか理解できない」ということではなく、「何となく難しそう」とか「ちょっと見てみて嫌になった」というように、「先入観」であることが多いようです。

試験では100点を取る必要はありませんから、本当に苦手で理解することが難しい分野であれば、そこに多くの時間をかけるより思い切って捨ててしまうほうがいい場合もありますが、苦手意識を持っていた課目が、ちょっとしたきっかけで好きな課目に変わる、ということも決して珍しくないので、先入観だけでの苦手意識は、できれば持たないほうが望ましいと思います。

ではどうすれば先入観を捨てることができるのでしょう。

これには2つの方法が考えられます。

1つは「**身近なことに置き換えてみる**」ことで、2つ目は「**その分野について書かれた入門書を読んでみる**」ということです。

まず、身近なことに置き換えてみるという方法ですが、これは文字通り、自分自身のこととして考えてみるということです。

自宅の不動産の登記簿を取ってみるとか、自分が加入している保険を分析してみるとか、自分の「ねんきん定期便」を見て年金の仕組みを確認するなどといったことです。仮に、自分に関係することが見つからなかったとしたら、親とか親戚とか友人とかで、関わりがありそうな人を思い浮かべてみるのもいいかもしれません。

そもそも、FPで学習する内容の多くは、生活の中で関わりのある話が多いうえ、苦手な人が多いということは、そのことで困っている人が多い分野といえますから、知識や情報を身につけることで役立つ場面も多いかもしれません。

そういった場面を思い浮かべることで、よし、ちゃんと仕組みを理解してみよう！という気持ちにつながれば、先入観を乗り越えて学習する意欲がわいてくるのではないでしょうか。

もうひとつの「その分野について書かれた入門書を読んでみる」というのもそのままですが、資格試験の勉強にこだわらなければ、各分野について書かれた入門書はたくさんあります。また、新聞の広告などを見ていると、特定の分野について特集を組んだ雑誌やムック本が目につくことも少なくありません。

もちろん、ネット上にも数多くの情報があり、「簡単にわかる公的年金の仕組み」や「誰にでもできる相続税の計算の仕方」といった、特定の項目についてやさしく書かれている文章もあるはずなので、こうした情報を最大限に利用しよう、ということです。

私がFPの学習を始めた1995年当時は、インターネットの環境が今のように整っていなかったので、ネットで情報を探すということはできませんでしたが、その分野の入門書はよく利用しました。試験とは関係ないとしても「一般の人にわかりやすく書かれた文章」というのは、基礎知識を身につけるのにとても役立ちます。

同じ理由で、その分野について話される一般向けのセミナーや講演会を聞きに行くというのも、苦手意識を払拭するよい方法かもしれません。世の中を見渡せば「初心者のための資産運用の基礎知識」といったタイトルのセミナーが行なわれていることがよくあります。身近な場所でタイミングよく行なわれているかどうかはわかりませんが、ネットで検索をすれば見つかることもありますし、有料の教材として販売されているケースもあるでしょう。

ちなみに、私が主宰しているFPスクールでは、3級の試験対策に限り、10分程度を区切りとした講義を無料でお聴きいただくことができます。この課目のこの分野だけ解説が聞いてみたいという利用が可能ですし、スキマ時間の有効活用にも最適ですので、学習の一助にしていただければ幸いです。

■捨てることも大切、満点を狙わない

資格試験には、合格ラインというものが定められているのが一般的ですから、満点を取る必要はありません。

CFP試験のように、明確な合格水準が定められていない試験もありますが、それでも「概ね7割程度取れていれば合格する」というような水準があるものです。

とすると、先入観の問題ではなく、一通り学習してみたけど、どうしても理解できない、やる気になれないという分野がある時には、潔く捨てることも大事だといえます。

FP技能検定の3級と2級の試験は60%の正答率で合格と定められているので、逆をいえば4割は落としても大丈夫ということ。

とはいうものの、最初から60%を目指していたら、60%を取ることが難しくなるものですから、せめて80%を目指しましょう。80%の正答を目指すとしても20%は捨てていいということになりますよね。

1つの課目をすべて捨ててしまう、というのはさすがに避けなければいけませんし、過去に必ず出題されているような重要な項目を捨ててしまうのは問題ですが、各課目の中で1つ2つの分野をすべて捨ててしまっても、その他の分野をしっかり押さえておけば合否に影響するようなことはないでしょう。

苦手意識の先入観は捨てなければいけませんが、本当に苦手な分野は、思い切って捨ててしまう。合格のためにはそうした割り切りも必要です。

ただ、あえていわせてもらうと、**3級FP技能士では捨てなければいけないほど難解な分野はありません**。学習したことを生活に役立てるためにも、できる限りすべての項目を押さえることをおすすめします。

■課目ごとの学習のポイント

課目ごとの学習のポイントを見る前に、おすすめする学習の順番をご紹介しておきます。

FP試験は、「ライフプランニングと資金計画」「リスク管理」「金融資産運用」「タックスプランニング」「不動産」「相続・事業承継」の6課目からなります。特に決まった学習の順番というのはないのですが、FPの基本はライフプランにあるという点や、学科試験の出題順が最初ということもあり、「ライフプランニングと資金計画」からスタートする講座が多いようです。

しかし、15年以上、受検対策講座でお話をしてきた私は、迷うことなく**「タックスプランニング」からの学習をおすすめします**。そして2番目が「ライフプランニングと資金計画」、その後はどの順番でも構いませんが、「リスク管理」「金融資産運用」「不動産」「相続・事業承継」というのが自然かと考えます。

理由は簡単で、**すべての課目に税金の知識が必要だから**です。

「ライフプランニングと資金計画」の学習の中には、例えば「キャッシュフロー表の収入項目は、可処分所得で記入しましょう」という話が出てきます。この可処分所得というのは、表面的な収入から、所得税や住民税などの税金と社会保険料を差し引いたものですが、これを算出するためには「所得税の計算」が必要となります。その他にも、住宅ローン控除の話や、年金を受給する際にかかる所得税の話、退職金にかかる税金の話なども出てきますので、それならば最初に所得税の基本的な知識を身につけておくほうが効率よく学習ができるはずです。

そして、２番目に「ライフプランニングと資金計画」を学習する理由は、ＦＰの基本はライフプランにあるという点ももちろんなのですが、「リスク管理」の課目で生命保険の必要保障額の計算をする際、遺族年金の知識が必要となるからです。

必要保障額というのは、「あなたが今亡くなるとしたら、いくらぐらいの保険や共済に加入しておけばいいのか」という金額のことをいいます。これは、「遺された家族が今後必要とする支出の総額」から「今後見込める収入と現在用意できている貯蓄の総額」を差し引いて計算するのですが、この中の「今後見込める収入」の中で大きく占める要素が「遺族年金の受給額」になるのです。

ですから、保険の学習の前には年金の知識を知っておくほうがよいといえるわけです。

では、望ましい学習の順番を確認したところで、各課目の学習のポイントを見ていきましょう。なお、各課目でどういった項目が問われるのかについては２章をご参照ください。

【タックスプランニング】

この課目の学習のポイントは、「所得税の計算の流れ」を理解することです。

所得税の計算は「収入」と「所得」と「課税所得」の違いを理解するところから始まります。

「収入」とは、表面的な収入、つまり稼いだ金額そのもののことで、額面収入などともいわれます。それに対して「所得」というのは、収入から経費を差し引いたもので、会社でいう「利益」にあたるものです。

これは、商売している人を例に考えるとわかりやすいのですが、例えば自分が仕入れてきた商品を販売することで「100万円」の収入を得たとしましょう。これが額面収入ですよね。でも実際にはこの100万円がすべて自分の手元に残るわけではなく、商品の仕入れの代金を支払わなくてはなりません。仮にこれが40万円だったとします。これが必要経費といわれるものです。そうすると、100万円の収入から40万円の経費を引くことによって60万円のお金が手元に残ることになりますが、これを「所得」と呼ぶわけです。

所得税というのは、文字通り「所得」にかかるものですが、この「収入」から「経費」を差し引いた「所得」に対してかかるのではなく、「所得」から「所得控除」を差し引いた「課税所得」に対して税率を掛けて計算します。

「所得控除」というのは、「所得から差し引けるもの」ということで、扶養している家族や配偶者がいる場合の扶養控除や配偶者控除をはじめ、生命保険料控除、医療費控除などといった種類があり、これは、個人的な事情を考慮するために設けられています。例えば所得が同じ300万円の人がいたとしても、そのお金をすべて一人で使える人と、そのお金で配偶者や子どもを養うことが必要な人を比べると、両者から同じ税金を取るのは公平ではありません。そのために、「配偶者控除」や「扶養控除」というものを設けて、所得からいくらかの金額が差し引けることで、扶養する家族が多い人の税負担が軽くなるように調整されるわけです。

このように、所得税の計算の流れを覚えるにあたっては、計算方法を暗記するのではなく、「なぜ、そのような仕組みになっているのか」という背景を知ることが重要です。

そのうえで、過去に出題されている計算問題を繰り返し解き、数字の条件を確認し、悩むことなく計算ができるような状態になれば申し分なしです。

所得税以外では、**法人税と住民税、事業税、消費税**から出題がありますが、2級の試験では法人税の比重が少し高くなるため、法人税についても同じように仕組みと背景を押さえることが重要となります。

その他の住民税、事業税、消費税については、基本事項だけを押さえておけば十分に対応できるでしょう。

【ライフプランニングと資金計画】

この課目では、多くの項目を学ぶことになりますが、学習のポイントとなるのは**社会保険制度、特に公的年金制度**です。この項目は、概要はもちろん、年金額についての基本的な計算ができるようになることが必要となります。

そのためにも、所得税同様、暗記よりも仕組みの理解が大切になりますが、それ以前に「専門用語」がネックになってしまうケースも多いようなので、まずは社会保険制度にかかる用語についてしっかりと覚えてしまうことが大事です。

公的年金以外では、**健康保険や国民健康保険などの公的医療保険の給付内容**、**雇用保険の給付内容**、そして**住宅ローンに関する項目**と、**教育費分野での教育ローンや奨学金制度**もしっかりと押さえましょう。この辺りは暗記項目となりますが、ご自身で利用している人は自分のこととして、そうでない人も、自分が利用したものとして考えると、身につきやすくなります。

そして、ライフプランの前提ともなる、**キャッシュフロー表**の作成については、各項目の数値の出し方を押さえることが大事です。

ここでも、できれば自分自身のライフプランやキャッシュフロー表を一度つくってみることで、理解が深まることになるでしょう。

【リスク管理】

この課目の学習のポイントは、**生命保険や損害保険、共済などの商品知識**になるので、基本的には暗記の比重が大きくなります。

ここでいう商品知識というのは、各保険会社の代表的な商品の特徴を覚える、ということではなく、「医療保険とはどういうものか」「火災保険の保障内容はどういうものか」といった、各社に共通するような商品の基本的な仕組みのことです。

最近では、保険会社ごとに特徴のある商品が増えてきていますので、ついついそういった個別の商品について気になることがありますが、個別商品のことは試験では問われません。そういう意味では、保険会社にお勤めの方で十分に知識があるとお考えの方でも注意が必要です。「自分の会社の商品がこうだから」といって、それが業界の標準的な仕組みではなかったとしたら、答えを誤ってしまう可能性があるからです。

それと、保険の場合は保険料を支払う際にも、保険金や給付金を受け取る時にも、税金との関わりが出てきますので、保険料控除と保険金にかかる課税関係を押さえることも重要となります。

【金融資産運用】

この課目の学習のポイントは、**株式、債券、投資信託、外貨建て商品などの投資型商品の基礎知識**をしっかりと押さえることと、**金融や経済に関する基本用語**の暗記となります。

お金の運用を考える際、外部環境である景気の状態を知ることが前提となりますが、この景気の状態を測るためのモノサシが経済指標と呼ばれるもので、ＧＤＰ（国内総生産）や景気動向指数、日銀短観などがあります。

その他にも、消費者物価指数やマネーストック統計など、新聞やニュースで耳にすることはあっても、その内容がよくわからないという用語を理解する必要があります。試験対策にもなるうえ、世の中の動きを知るきっかけともなるので、学ぶほどに興味深くなる分野といえるかもしれません。

また、株式や投資信託といった投資商品については、興味はあるけど何となく敬遠されている方も多いかもしれませんが、「投資を煽る」という面からではなく、仕組みを理解するという面から学ぶことで、ご自身が投資を始める時、知らない間に大きなリスクを負ってしまうことを防ぐ一助になるともいえます。

株式投資などは、自分や家族に関係する身近な上場企業や、自分の好きな上場企業を題材にすることで、より理解が深まるものですから、実際に投資をするかどうかは別として、ぜひ「投資家の目」で学習することを心がけてください。

なお、63ページで触れた債券の利回り計算は、重要な学習項目ですが、公式そのものは暗記できなくても、「式の意味」を理解することで問題を解くことが可能ですから、そういった仕組みの面も意識して学習されることがポイントとなるでしょう。

【不動産】

この課目の学習のポイントは、**不動産の法律知識と、不動産に関する税金の知識**を押さえることです。

具体的には、法律知識として「不動産登記法」「借地借家法」「都市計画法」「建築基準法」を特に重点的に学ぶことと、不動産所得と不動産の譲渡所得、特に居住用財産を売却した際の各種の特例について理解することが必須となります。

このように書くと、不動産業界で仕事をされている方以外は、「難しそう……」「取っつきにくい」という印象を持つことが多いようですし、その点は私も否定しません。

それでも、ご自身の住まいやご両親、ご親族の住まいなど、自分の身近に不動産との関わりがある方は多いと思います。

勉強のためだけに、平日に法務局に行き、手数料を払って登記簿を取ってくるということをおすすめするわけではありませんが、一度自分の目で調べてみるだけでも、机上での勉強のみとは違う臨場感のようなものを感じることができますので、お時間がある方は試されるのもいいかもしれません。

なお、建築基準法の中に出てくる「建ぺい率」と「容積率」の計算は、ほぼ毎回出てくる必須項目なのですが、計算のパターンもほぼ決まっているという点で、点数を稼ぐチャンス問題でもあるといえます。

「何となく苦手」というだけで敬遠しないようにしたい課目です。

【相続・事業承継】

この課目の学習のポイントは、**法定相続人や法定相続分など、相続に関する民法の基礎知識と、相続税の計算の流れを押さえること、贈与や贈与税の仕組みや各種の特例**について押さえることです。

相続というのは、人が亡くなった時に発生する問題ですから、日常的に関わることではないため、身近なこととして考えるのは難しいかもしれません。でも考えてみれば、人はいつか必ず死を迎えるわけですから、相続もいつかは必ず発生する出来事です。

実際、FPの学習をして資格を取った後に、父親の相続が発生し、学んだことがとても役立ったというお話や、ご自身のまわりで起こった相続がきっかけで、FPの学習を始めたというお話は結構な頻度でお聞きします。

ここでもやはり、自分の家族や身近な方をイメージしつつ、相続が発生すると誰が相続人になるのか、どの程度の相続分になるのかということ、そして考えられるトラブルがないかを想像することで、それを防ぐ手段としての遺言や生前贈与等の役割を考えていくと、知識としての定着も早くなるように思います。

また、相続税の概算額を計算する過程で、財産の評価という問題が出てきますが、この点についても、特に土地の評価は試験でよく問われるポイントなので、身の回りの不動産の評価額を実際に計算してみることは役に立ちます。

このように、相続や贈与にかかる問題は、登場人物を身近な人に置き換えることによって記憶に残りやすくなるものです。

以上、各課目の学習のポイントに触れてきましたが、改めて書いてみて私自身が思ったのは、**「仕組みを理解すること」**と**「身近な例に置き換えること」**の大切さですね。

試験ですから、覚えなければいけないことを暗記するのは絶対的に必要となりますが、単に試験のために覚えるということではなく、知っておくと自分のためにもなるから覚えておくという視点で見ると、学ぶこと、知ることの楽しさを感じられるかもしれませんし、そのことで学習を続けるモチベーションを高く保つことができるように思います。ぜひ心がけてみてください。

自分のスタイルに合わせた勉強法

さて、ここまでのところで課目ごとの学習のポイントを見てきましたが、次に具体的な勉強法についても確認しておきましょう。

勉強法には正解というのはなく、その人の環境によって大きく変わるものだと思いますが、すでに学習をされ、資格取得を果たされた方のやり方を知ることで、自分にあったスタイルを見つける参考になればと思います。

まず大前提として、試験までの期間、勉強を中心とした生活を送れる方と、そうでない方に分けて考える必要がありますが、現実には、仕事や学校、家事や育児などをこなしながら、並行して学習を進める方、つまり後者のタイプが多いのではないでしょうか。

もちろん、少数派とはいえ「この期間は勉強中心の生活でいく！」という方もおられるでしょう。そういう方は時間の捻出という問題はなく、むしろ集中力を持続させる方法とか、モチベーションを維持する方法というものが大切になるかもしれません。モチベーションを維持する一番の方法は、学習のポイントでお話しした通り、自分の身近なことに置き換えることで、学んでいることが直接役に立つ場面が多い、ということを意識することでしょう。

それ以外の多くの方は、時間のやりくりをしながら学習時間を確保するわけですが、その中にも「正統派」「スキマ時間活用派」「夜型」「朝型」「音声活用派」「書くことで覚える派」などなど、進学受験の勉強でやっていた、ご自身にあてはまる学習パターンというのがあると思います。

自分が何型なのかよくわからない、という方は、まず**自分が知識を習得する際に向いている方法を確認**すると同時に、**集中できる環境がどういうものかを知る**ことが第一歩になります。

自宅の机に向かう時が集中できる人もいれば、ダイニングテーブルで勉強するほうが集中できる人、カフェでの勉強が一番捗る人など、集中できる環境というのは人それぞれですから、これは学習を始める初期の段階で確認しておくといいでしょう。

学習スタイルにおける「正統派」というのは、「毎日1時間や2時間といった決まった時間を確保し、その時間に集中して勉強する」というタイプを指します。もちろんこの場合でも、復習にはスキマ時間の活用が出てくると思います。

このタイプを目指す場合に大切なのは、決まった時間の確保ですが、**貯金と一緒で、時間も「天引き」することがポイント**となります。

時間が空いたら勉強しよう、というのは、お金が残ったら貯金をしよう、という考えと同じで、残念ながらその時間を確保することは難しいのが現実です。

試験まで2ヶ月や3ヶ月ある時期だと、まあ、今日できなくてもまだ日はあるし、ということになりますので、ますます時間が取れないまま時間が過ぎ、試験直前になって焦るという、よくないパターンに陥ってしまう可能性が高いといえます。

必要な時間は、最初から天引きで確保しておかないとなかなか出てこないということをしっかり認識しておきましょう。

そのうえで、日々の生活の中には思わぬ「**スキマ時間**」が発生することもよくありますから、天引きしておいた時間以外にも、「15分間の時間ができたらこれをやる」とか「5分の空き時間があれば過去問を1問だけやる」といったスキマ時間の活用の積み重ねは重要な鍵となります。

そして、この**スキマ時間の活用には、仕組みと習慣がとても大切**です。

5分間の空き時間ができたら過去問を1問でもやろう、と決めたのであれば、例えばポケットに過去問をプリントした紙を常に入れておくようにしておくのです。

そうでなければ、「時間ができたのに手元に資料がない」ということで、そのスキマ時間を無駄にしてしまう可能性が高くなります。

夜型か朝型かは、ご自身のライフスタイルに合わせて考えることになりますが、試験本番は日中にありますので、日頃は夜型の学習をしている方も、試験の1週間ぐらい前からは朝型にしておくほうがいいと思います。

その他の学習スタイルとしては、自分自身が繰り返しできる環境がどんなものであるかを見極めることが大切。例えば通勤や通学が車や自転車である場合、その間はテキストなどを読むことはできませんから、**音声教材の活用**が向いているかもしれません。

音声教材も様々なものがありますが、場合によっては自分自身でつくってしまうのも一考です。これには、聞いて覚えるというだけでなく、音声を吹き込む時に声に出すので、そのことにより記憶への定着を促す効果も考えられます。ボイスレコーダーがない方でも、スマートフォンに録音機能がついているケースも多いので、大いに活用しましょう。

また、電車に乗る時間が長い方でも、座ることができるのか、満員電車で本を開けることも難しいのかによって、取り得る方法は違ってくるでしょう。荷物にもなりますから、できれば「その日にやろうと思っているページだけ」を持ち歩くことが効率的かもしれません。基本的に電車は時間に正確ですから、15分間とか43分間とか、毎日決まった時間が確保できる貴重な環境といえます。

行きの電車で10問、帰りの電車で10問の過去問を解くことができれば、5日間の通勤、通学タイムで100問の問題を消化することができますから侮れません。ぜひ、こうした時間の活用を心がけましょう。

これに関しては、「**テキスト等の教材をきれいなまま残す必要はない**」という点も重要です。時々、「自分が受かったら後輩に譲ってあげるつもり」ということで、テキストなどを汚さないように使っているケースを見かけます。

ものを大切にすることは素晴らしいですが、こと試験勉強のテキストにおいては、「汚してナンボ」という考え方も大切です。課目ごとにページを切り取って持ち運びやすくするという工夫も大切になってきます。徹底的に活用するようにしましょう。

もちろん、「移動時間に勉強することは苦手」という方は無理をする必要はありませんが、その分、他でしっかりと時間を確保することが必要なのはいうまでもありません。

あと一歩で合格に及ばなかった方の多くは「時間が足りなかった」といいます。でも、時間というのは自分でつくるものなので、少し厳しいようですが、時間が足りなかったのではなく、**時間をつくることができなかったか、時間を無駄に過ごしてしまったか**のどちらかである可能性が高いと思います。

試験直前になって、そんな言い訳をすることがないように、計画的な時間の使い方をしましょう。

世の中の動きに関心を持つ

ＦＰ試験で学習する範囲は、生活に関わるお金まわりのことですから、世の中の動きととても密接な関係があります。

学習を始めるとわかりますが、**「テレビのニュースや新聞を見ていると、1日に何度も「FPの勉強で出てきた」という用語や話題が耳に入ります。**特にテレビのニュースで特集などがあると、その項目の問題について映像でわかりやすく解説されるため、テキストを読むより早く理解できることもあるでしょう。

新聞においても、株価が大きく動いた時には、日経平均株価やＴＯＰＩＸといった用語が解説されたり、所得税の改正が話題になった時には、今の税金の仕組みがどうなっているかを、一般の人にもわかりやすく説明していることがよくありますので、日頃ニュース番組や新聞記事をあまり意識して見ていない方も、ＦＰ試験の学習をしている期間はできる限り目を通しておくことをおすすめします。

そしてもうひとつ。

世の中の動きに関心を持つようになると、自分自身の将来の生活のことや仕事のことなどについても、今までとは違った視点から考えるようになることが増えてきます。

そうなると、**単なる「試験のための勉強」ではなく、自分の将来のために必要な知識や情報として捉えるわけですから、より一層関心が深まり、理解しようとする気持ちが強くなり、それが試験対策にも役立つ**、という好循環が生まれてくるのです。

そのような視点で取り組めるようになると、もっといろいろなことが知りたくなってくるでしょうし、楽しくなってくるのではないでしょうか。

少なくとも、私はそうでした。最初はＦＰのことすらよくわからないままに、友人にすすめられて始めたのですが、勉強を進めるうちにどんどん関心が高まり、関連する書籍を読むようになり、最終的にはこの世界で仕事をしていくことを決めたわけですから、文字通りＦＰの学習を始めることで人生が変わったのです。

職業としてのＦＰに関心を持たれるかどうかは人それぞれですし、今の日本では、まだまだＦＰが仕事をする環境が整っているとはいえませんが、こうした思いを持つ方が増えることで、業界が変わっていくかもしれませんし、ＦＰ業界が変わっていくことで世の中が変わっていくかもしれません。お金についての不安が少しでも和らぐと、毎日の生活や人生そのものにもゆとりが出てくると思います。

先行き不透明な今の時代において、多くの方がＦＰの知識を持つことは、人々の幸せな生活につながるひとつの手段といえるのではないでしょうか。

4章

試験直前が勝負！確実に点を取る勉強法

試験1ヶ月前からが本当の勝負

合格レベルに達するまでに必要な学習時間のおよその目安は、3級FP技能士で80時間～100時間、2級FP技能士だと200時間程度であるということは2章で触れました。これを1日あたりに確保できるおよその時間数で割ると、何ヶ月前から学習を始めればいいのかがわかりますが、多くの人にとって、集中して勉強できる期間というのはそれほど長くないものです。

特にFP試験の場合、仕事などで必要なケースもあるでしょうが、「自分のために一度勉強してみようかな」という気楽な気持ちでスタートされる方も多いのが現実ですから、なおさら集中力を持続させることが課題となり、1日1・5時間～2時間の勉強を3ヶ月間や半年間続けるというのは言葉でいうほどやさしくはありません。

また、試験である以上、それまでの学習をどれだけ頑張っていても、あるいは直前の模擬試験などでどれだけいい点数を取っていても、本試験のその日に合格点を取ることができなければどうしようもありません。

だからこそ、試験勉強の中で一番大切になるのは、試験前1ヶ月間の学習への取り組み方なのです。これは言い換えると、試験1ヶ月前まではあまり勉強に身が入っていなくても、最後の1ヶ月で集中して学習を進めることができれば、十分に合格できる力をつけることが可能であることを意味します。

ただし、一気に詰め込んだ知識は忘れるのも早いものです。単に「試験に合格した」という結果だけが欲しいのであれば、「1ヶ月前集中学習法」という考えもありかもしれません。しかし、FP試験のために学んだ知識は、ぜひともご自身の今後の生活に活かしていただきたいので、一気に勉強してすぐに忘れてしまうより、試験が終わった後も使える知識として定着させることを考えることが望ましいといえます。

自分に合った学習方法というのは人それぞれですから、ここでも「皆さんに共通した模範解答」というのはありませんが、本章ではこれまでに私がお話を伺ってきた多くの合格者の方のお話や、私自身の経験もご紹介しながら、試験直前期の過ごし方について考えていきます。

■直前期を迎えるまでのスケジュール

直前期の過ごし方をご紹介する前に、直前期を迎えるまでの基本的なスケジュールも考えておきましょう。

まず、学習のスタートは必要な知識のインプットを行なうことから始めるのが一般的です。前述した「合格レベルに達するまでに必要な学習時間」と「1日に確保できる勉強時間」から、学習期間をどの程度に設定するかは人それぞれです。通学や通信の資格講座を利用する場合は、そのカリキュラムに従って学習し、各課目が終わればなるべく早くから過去問に触れていき、それを繰り返していく、という進め方がもっとも基本となりますし、市販の書籍を利用する場合でも、この進め方の基本は同じです。

いずれにしても、**試験2週間前ぐらいからは「過去問を解く」ことを中心にするべきだと思いますので、1ヶ月前の時点では「2週間前までにインプットを終わらせる」ことを目指す**ことが必要です。３級及び2級ＦＰ技能士試験の難易度は、それほど高いものではありませんから、これが実践でき、試験前日までに「過去3回分の本試験問題を3回ずつ解く」ことができていれば、合格レベルには十分達します。

この合格レベルに達しない一番の理由は、途中で学習に身が入らなくなってしまうことなので、学習で知識を習得することと同じぐらい大切になるのは**「モチベーション」と「リズム感」**だといえます。

モチベーションというのは、ようするに「やる気」です。実際のところ、「受験するぞ！」というモチベーションが一番高いのは、「受験を決心した時」や「願書を提出する時」で、その後はなんとなく勉強に身が入らない時期が発生したりして、モチベーションが低下してしまうケースが多いものです。とはいうものの、モチベーションの高い状態をずっと維持するというのも現実的ではありませんから、**火種を消さないようにしつつ、試験1ヶ月前にモチベーションをもう一度高める**、という意識が重要です。そしてそのためには「試験勉強が合格レベルに達しているかどうか」よりも「勉強していることが自分の生活に本当に役に立つのかどうか」を意識することがいいのではないでしょうか。

具体的には、「今、現実の生活の中で自分が気になっているお金まわりの話」についての記事や文章をインターネットで探してみるなどの行為です。これは書籍でもいいですし、雑誌などの特集でも構いません。そこで出てくる言葉や内容には、ＦＰの試験勉強でも出てくるものが多いため、自分が勉強していることが役に立つイメージを持ちやすくなると思うのです。この時点で「FPはこれからの生活に役に立つかも」という気持ちを高めておけると、ラストスパートにも力が入る可能性がぐっと高くなるでしょう。

もうひとつのリズム感もとても大切で、そのリズムを直前期につくれているかどうかが合否に大きく影響すると考えています。ここでいうリズム感というのは、「**習慣**」と読み換えてもいいものですが、要するに**「気持ち」の面と「現実」の面を両方見据えた学習を続ける**ということです。

気持ちばかり先走って実際の学習がついていっていなかったら焦るし、逆に、いくら学習時間を確保していても気持ちが入っていなければ、モチベーションを維持することができず、学習そのものを苦痛に感じるようになってしまうからです。

こうしたモチベーションとリズム感を1ヶ月前に持つことができてさえいれば、あとは試験2週間前までに一通りインプット学習を終えることと、2週間前からは過去問演習に集中するという、これからお伝えする直前期の過ごし方を実践すれば大丈夫です。

それと細かいことですが、もし「自分が愛用している電卓」がない場合、そろそろ「試験当日に使用する電卓」を決めておくことも大切です。最近では、携帯やスマホについている電卓機能を勉強の時にも使う方がおられますが、試験当日はもちろん携帯の電源は切っておかなくてはいけません。また、関数機能のついた電卓のように使用禁止のものもありますので、シンプルで使いやすい自分用の電卓を用意しておくことは大切です。

改正事項の押さえ方

本試験を受けるにあたって、改正事項というのはとても気になるものです。これはFP試験だけでなくどんな試験でもいえることですが、学習を進めているうちに制度が改正されたり、覚えている数字や内容が過去のものになってしまうことがあります。さらに、FP試験は学習範囲が広いので、自分一人で試験に関わる改正事項を網羅するのはなかなか大変なことですし、いつの時点の改正までを押さえておけばいいのかをつかんでおかないと、直前期に無用な焦りを持ってしまうことになりかねないので注意が必要です。

でもこの点については心配には及びません。というより、はっきりいえばほとんど気にする必要はないもので、**試験の数日前ぐらいに「直近1年間に改正された部分」を確認すればそれで十分**といえます。

これは、**試験問題の95%は、1年や2年では変わらない基本知識に関わる内容であること、FP試験は1年に3回実施されるので、学習をスタートしてから試験日までに改正を挟むことが少ない**こと、改正があってもどこまで反映するかはわからないこと、などが理由で、仮に直近の改正事項を見逃していたとしても合否に影響するようなことはないからです。

ちなみに、ＦＰ試験の場合、問題に反映するルールとしては、1月と5月試験は「前年10月1日時点で施行されている法律」に基づき、9月試験は「本年4月1日時点で施行されている法律」に基づくことになっているのは前述の通りです。

日本の行政が4月から新年度になる関係で、3月から4月にかけては制度の改正が報道される機会が多くなりますし、公的年金の金額のように、原則として毎年変更があるものもあるので、どうしても気になってしまいますが、例えば1月や5月の本試験を考えている人にとっては、前年10月1日以降の改正というのは、自分が受ける試験にはまったく関係ないわけですから、気にしなくていいわけです。

なお、改正事項だけに限らず、自分なりに大事だと思うことなどを含め、テキストには載っていないけど押さえておきたいポイントなどがあれば、必ずテキストに書き込むか、大きめの付箋に書いて貼りつけておくようにするのがいいでしょう。とにかく**情報は一箇所に集約しておく**ことが重要です。

ひっかけ問題にひっかからないコツ

試験である以上、ひっかけ問題というのは必ず存在します。ひっかけ問題というのは、特に定義はありませんが、文字通り「ひっかかりやすい＝知っていることなのに間違いやすい」という問題を指します。

そしてこれには**「言葉のひっかけ」と「知識のひっかけ」があります**。

「言葉のひっかけ」の例として、実際の本試験問題の問題文を見てみましょう。

「固定金利選択型の住宅ローンを利用して返済当初の一定期間を固定金利とする場合、一般に、選択する固定金利の期間が長いほど、返済当初に適用される金利水準が低い」

（2013年1月実施・3級 学科第1問⑵）


これは住宅ローン分野における出題ですが、前提として必要な知識は「固定金利の場合、今の経済環境では期間が長いほど金利水準は高くなる」というものです。

3年間の固定金利だと1％だけど、10年間の固定金利だと2・5％になるという感じです。

つまり、この文章の正誤を問う問題の答えは「誤り」ということになるのですが、この問題の文章を次のように変えた場合はどうなるでしょう。

①「固定金利選択型の住宅ローンを利用して返済当初の一定期間を固定金利とする場合、一般に、選択する固定金利の期間が短いほど、返済当初に適用される金利水準が高い」

②「固定金利選択型の住宅ローンを利用して返済当初の一定期間を固定金利とする場合、一般に、選択する固定金利の期間が長いほど、返済当初に適用される金利水準が高い」

正しい解答は、①が「誤り」で、②は「正しい」となるのですが、一瞬「えーと、どっちかな？」と迷いませんでしたか？

別の例として、次の問題をみてみましょう。

「豪ドル建て債券を保有していた場合、豪ドルと円の為替レートが円高方向に変動することは、当該債券投資に係る円換算の投資利回りが上昇する要因となる」（2013年5月実施・2級 学科問題27）

この問題の答えは「誤り」です（ちなみに、今の時点では問題の内容がチンプンカンプンでも問題ありません）。

外貨建ての金融商品（この場合は「豪ドル建て債券」のこと）で運用している場合、為替レートが「円高」に動くと、円換算の投資利回りは「低下」します。

この問題では、「円高」を「円安」に換えれば、答えは「正しい」になりますし、「円高」の部分がそのままだとすると、「上昇」を「低下」にすれば、やはり「正しい」選択肢ということになります。

このように、言葉を入れ換えることによって答えが違ってくるような問題で、うっかりすると読み違えてしまうタイプの問題が、「言葉のひっかけ」です。

では次に「知識のひっかけ」の例も見ておきましょう。

「消費者物価指数が継続的に上昇している場合、一般に、経済環境はデフレーションの状態にあると判断される」（2013年1月実施・3級 学科第1問⑬）

消費者物価指数が継続的に上昇している場合、経済環境はインフレーションの状態にあると判断されますので、この問題の答えは「誤り」です。

インフレーション（インフレ）とデフレーション（デフレ）は、FP試験でよく出題される経済の基本用語ですが、単純にその説明を逆にしただけの問題で、基礎知識をしっかり押さえているかどうかを問うために、関連した用語を利用するひっかけ問題というわけです。

「男女別・年齢別の平均余命についての統計値は、内閣府の『国民生活白書』に記載さ

れている」（2013年5月実施・2級 学科問題2）

これも、一見するともっともらしい文章ですが、答えは「誤り」です。男女別・年齢別の平均余命についての統計値は「簡易生命表」として厚生労働省から公表されていますので、要するに知っているかどうかだけで解けます。

いずれにしても、似たような言葉を比較することで、知識をしっかりと習得しているかどうかを問うのが「知識のひっかけ」問題というわけです。

こうしたひっかけ問題にひっかからないための最大のコツは、**重要な言葉については曖昧な記憶をなくしておくことと、似たような用語は比較しながら整理しておくこと**に尽きるのですが、それよりも大事だといえるのが**試験当日の見直し**です。

後から冷静に見てみたら、答えはわかっていたのに本試験では間違えてしまう、というのは一番もったいないですし、やってはいけないことです。これを防ぐには、**一通り問題を解いた後、誰か別の人の答案だと思い、あら探しをするように見直しをする**のがよいでしょう。

できれば、各問題の答えについて、頭の中で誰かに説明するようにチェックしていけば、間違いに気づく可能性が大きくなるので、ぜひ試してみてください。

試験1週間前の理想のスケジュール

試験前の1週間をどう過ごすのかはその方の自由ですが、**とにかく体調を崩さない**ことが一番大事です。ここまでの期間の試験勉強が思うように進んでいないと、直前期に無理をすることになってしまい、その結果体調を崩してしまうことがありがちです。試験当日をベストコンディションで迎えられないことほど残念なことはありません。そして、できればこの時期には**生活のリズムを朝型に切り替えておく**とよいでしょう。

日常の試験勉強等において、自分が一番集中しやすい時間帯を把握しておいて、その時間を有効に活用することは大切ですが、本試験は学科が午前中、実技試験は午後からというのが通常だとすると、やはりこの時間帯に集中できるようになっておくに越したことはありません。

そして、知識的には、**新しいことを学ぶのは極力やめて、今までの復習と問題演習に集中する**のがよいでしょう。イメージでいうと、「100点を取るために必要な知識のうち80％を押さえているのであれば、残りの20％を学習して100点に近づこうとするのではなく、**すでに押さえている80％の知識を確実なものにしておく**」ことが大事だということです。

この「100点を取るために必要な知識のうち80％を押さえている状態」というのは、3回ほど解いてみた過去問で100点が取れるようになっている状態、と考えていますので、この時期はとにかく**「過去問を解くことに集中」することがポイント**となるわけです。

実際、私が主宰するFPスクールにお寄せいただいた「合格者の喜びの声」でも、「直前期には過去問で複数回間違えたところの復習を中心にしました」というご意見が圧倒的に多いものです。

過去問については、解説できるようになるまでできて、初めて「やった」といえるのだということをお伝えしていますが、そのためには繰り返し問題を解くしかありません。過去問は試験実施団体の日本FP協会と金融財政事情研究会のサイトで公開されていますから、それをプリントアウトして解くことでも問題ありませんが、市販されている問題集などでは「項目ごとに問題が集約されている」ことが多いので、より効率的に苦手分野を発見することができると思います。

あとは、とても非科学的ではありますが、「何とかなるさ」「自分は合格するんだ」という思い込みというのもとても大切なものです。

それでは、1週間前からの理想的な過ごし方の一例を見ておきましょう。

「試験直前期にここまでのことができていれば合格水準に達しているだろう」という実力を身につけることを考慮したモデルケースとお考えください。

■試験7日前

この日は、試験日と同じ曜日、つまり日曜日です。

仕事の都合やプライベートの予定もあるでしょうから、無理にされる必要はありませんが、もし可能であれば、「**本試験日と同じ時間帯に前回の本試験問題をやってみる**」ことをおすすめします。試験の際には時間も計って、きちんと採点も行なってください。この時点で合格水準の60点が取れていないのはかなり厳しい話ですが、合格ラインの60点をギリギリクリアする程度の状態でも厳しいと考え、できれば**80点以上は取っておきたい**ところです。間違えた問題については、解説の確認と、テキストのその項目の確認を行ない、確実にフォローをしておきましょう。

そしてもっとも大切なのは、ここからの1週間で体調を崩さないようにすることです。

■試験6日前

この日も、前日に間違えた問題や正解したけれど自信が持てなかった問題のフォローをしておきましょう。あとは、生活リズムが夜型の人は、できる限り朝型の生活を心がけるのもこの日ぐらいから意識し始めるといいと思います。

■試験5日前

このぐらいのタイミングで、一度**改正事項の確認**をしておきましょう。ここ1年の間に制度が変わったり数値が変わった部分を確認し、もし、テキストや問題集の記述が古いままであれば、新しい情報に書き換えておきます。この時点で「書き込む」ことによって、改正事項の整理にもなります。FP試験に関わりのある改正事項をまとめて入手するには、FP講座を実施しているスクールを活用するのが一番現実的であると思います。

そして、**3度目となる「3回前（前々々回）の本試験問題」を解いておきましょう**。3度目ということは、これまでに2回はやっておくことが前提となるわけですが、もし今までにその時間を取ることができず、この時に初めて解くのだとしても、間違った問題を徹底的に復習することができるのであれば心配はいりません。

学科試験と実技試験の問題を解くのに各1時間、間違った問題のフォローに2時間程度の時間が取れれば十分です。

■試験4日前

この日は、**3度目となる「2回前（前々回）の本試験問題」を解き**、間違った問題を復習します。

前日と同じように学科問題を解くのに1時間、実技問題を解くのにやはり1時間。間違った問題のフォローに2時間程度の時間が取れればよいでしょう。

■試験3日前・2日前

「4日前」「5日前」のタイミングで、過去の本試験問題をこなす時間が取れなかった方は、この2日間を利用して、しっかりと消化しておくことが大切です。すでに終えられている方は、間違えた問題をしっかり確認しておきましょう。いずれにしても「3回前」と「2回前」の本試験問題については、どの問題を聞かれても解説できる程度になっていれば理想的です。

■試験前日

取れる時間にもよりますが、試験7日前にも行なった、「前回の本試験問題」をもう一度解いておきましょう。これは試験2日前か3日前でもいいので、とにかく**本番直前3日間のうちどこかでは「前回の本試験問題」の3度目をやっておけるといいでしょう。**

あとは、基本テキストなどで記憶に自信のない項目を確認しておくのもいいと思いますが、あまり遅い時間まで詰め込むようなことはせず、翌日の本番に備え体調を整えるようにしましょう。

以上、試験前1週間の過ごし方の例をご紹介しました。

「今さらそんなことをいわれなくても、自分のスケジュールは自分で考える」という方はもちろんそれでいいのですが、人間とは弱いもので「自分との約束」を軽く見てしまうところがあるようです。時間がなくどうしても予定がこなせないことは仕方ありませんが、時間があるにもかかわらず「まあ、今日できなくても明日やればいいかな」と先送りしてしまうことがないように、この1週間の予定は「私との約束」のつもりで取り組んでみてください。

さあ試験当日！実力を出し切るための過ごし方

試験当日は、勉強する日ではなく、勉強してきたことを出し切る日です。

もちろん、追い込みとしての知識の習得を否定するわけではありませんが、正直いって、この時点で何かを詰め込んでひとつ覚えたとしても、同時にどこかで何かを忘れている可能性が高いように思います。

そして一番のポイントは、寝坊をせず、遅れないように会場に着くことと、忘れ物をしないことに尽きます。

時間のゆとりは気持ちのゆとりにつながりますし、**気持ちにゆとりがあると「ケアレスミス」を防ぐ**ことができます。今までのところで、少なくとも直近の本試験とそれ以前の3回分の本試験問題はほぼ100％できている、という場合、合格水準の実力があるのは間違いないですから、3級の試験だと「全問正解」できることも珍しくありませんし、正解だと自信を持っていえる問題数だけをとっても、80％は取れるような力がついているはずです。

2級ではさすがに「全問正解」というのは難しいですが、過去問を100％押さえられていたら、80％は取れるでしょう。つまり、合否の境目というラインで心配するような事態にはならないはずです。

一方、ここまでの学習で過去問の消化具合が80％程度だとすると、自信を持って正解だといえる問題数は全体の60％程度にとどまる可能性があるため、「知っていたのに間違えてしまった問題」や「言葉や知識のひっかけにかかってしまった問題」が合否の分かれ目になるケースが考えられます。

このケースでのケアレスミスは取り返しがつきませんので、時間に余裕を持ち、気持ちにゆとりを持つことにより、このケアレスミスを起こさないようにすることが大切です。

午前中の学科試験では、終了時間を待たずに早くできてしまう方も多いと思いますが、**「悩まなかった問題」も含めて、必ず見直し**をしてください。この時の見直しのポイントは「あら探し」のつもりでやることでしたよね。できるだけ**試験時間は目一杯活用する**ことをおすすめします。実技試験の準備に当てたいという気持ちもあるでしょうが、試験1週間前の過ごし方でもお伝えした通り、この時点で新しい知識を詰め込むことは決して得策とは思えませんので、それであれば目の前の学科試験の「後から振り返って後悔するようなミス」を防ぐことに時間を使うほうが有効です。

■「焦り」は禁物

「時間を有効に使いたい」と考える方の中には、時間ギリギリに会場に到着すればいいという思いもあるでしょうが、それは「結果論」としていえることです。なぜなら、交通機関の遅れがあればそれで終わっていたかもしれませんし、移動時間中ずっと「間に合うかな？　どうかな？」という気持ちになっていれば、その焦りは試験本番に決してよい影響を与えないと思うからです。

よほど不安がない限り、会場の下見をするまでの必要はないと思いますが、当日は余裕を持った時間で行動することが大切です。

また、お昼ご飯をどうするかは考えておくほうがいいでしょう。会場によって違いがあるかもしれませんが、会場内にはお弁当を食べるスペースが確保されているのが一般的です。もちろん、その時間に外のお店で食事をすることも可能ですが、自分に合った店があるかどうかもわかりませんし、混雑していればそれこそ無駄な時間を使ってしまうことになりかねません。ですので、昼食はできる限り持参されることをおすすめします。

あとは、いつも聞いている音楽や耳栓を持参するなど、待ち時間に集中できる環境を自分でつくれるようにしておくことも大切でしょう。

それと、体調管理のひとつとして、当日の朝食や昼食によってお腹の調子を悪くしないように気をつけてください。試験の途中でトイレに行くことは可能ですが、間違いなく集中力は途切れます。

ちなみに、試験当日のスケジュールは、ＦＰ技能検定の３級と２級については10時～12時の１２０分が学科試験で、13時半から実技試験となっていることが通常です。実技試験の時間は３級が60分、２級が90分なので終了時間には違いがありますが、開始時刻は同じです。なお、１級の試験時間は、学科だけで10時～12時半が基礎編、13時半～16時が応用編となっており、実技試験は別日程で半日ほどかけて行なわれます。

　実技試験では、時間にあまりゆとりがないケースもありますが、学科試験は多くの方が早めに終えられるようで、途中退出する方も多くおられます。まわりの人が次々に会場から出ていくと、少し焦りの気持ちが出てくるかもしれませんが、それはまったく不要。前述のように、なるべくギリギリまでの時間を使って、自分自身の答案をチェックするようにしましょう。


　問題を第1問目から順番にやるのか、ざっと全体を見て、得意な所から始めるのかという点については、時間が足りなくなるようなケースが少ないＦＰの試験では、それほど気にすることではありません。

　とはいうものの、解けない問題が出てきた時にそこで立ち止まってしまうのは考えものです。これは、最後のほうに解きやすい問題（確実に点が取れる問題）があったにもかかわらず、その時点で時間が少なくなり、焦ってケアレスミスをしてしまう、ということを防ぐためにも大切なことです。ですから、**第1問目から解いていって、詰まる所があればそこでは立ち止まらず、その問題を飛ばして次にいく**ぐらいのことを心がけておけば問題ないでしょう。

■試験当日に合否はわかる

なお、試験当日の夕方ぐらいには本試験の模範解答が公表されます。試験問題は持ち帰ることが可能ですし、「6割以上の正答率で合格」という基準が決まってるため、自己採点をすることで自分が合格しているかどうかは、当日中にわかることになります。

もちろん、記入ミス等の可能性も含めると、正式な結果通知が届くまでは「100％」ではありませんが、合格水準を達成できたのであれば、まずは目標達成ですよね。後はしばらくゆっくりされるもよし、次なる目標に向けてスタートされるもよし、もうFP試験はこれでおしまいとされるもよしです。

一方、惜しくも合格水準に届かなかった場合、試験勉強が十分にできていなかった等、「最初から力試しのつもりだった」と割り切られている方は別として、合格を目指して努力してきたにも関わらず残念な結果になった場合は、本当に悔しいし、悲しいことでしょう。

ただ、結果は結果として受け止める以外ありません。

その結果をもたらした原因が、時間が足りなかったからなのか、方法が違っていたからなのか、体調が悪かったからなのか、たまたまケアレスミスをしてしまったからなのかはわかりませんが、「何かが足りなかった」ということは間違いないわけです。

そして、その「足りなかった何か」は、あとほんの少しで達成できていたことかもしれません。

私が好きな言葉のひとつとして、いつもご紹介させていただくものに、

「目に見えてその成果が表われるようになるには、相当の量をこなさなければならない。でも、大部分の人が途中で諦めてしまう」

という元プロ野球選手の王貞治氏の言葉があるのですが、この言葉がすべてを表わしているように思うのです。

本書のように、試験を受けるための心構え的なことや試験前の過ごし方などをお伝えしていますと、「そんなことはいわれなくてもわかっています」と感じる方も少なくないようです。しかし、実際には**「わかっている」ことと「実践している」ことには大きな差があります**し、「ちゃんと実践していますよ」といわれる方でも、それぞれその実践の仕方には少しばかりの差があります。そして、この少しばかりの差が、時間の経過とともに大きな差になり、結果に結びついていることはよくあります。

合格というゴールに向かって進み始めている以上、到達するにはその歩みを継続することしかありません。ぜひ最後まで自分を信じて乗り切ってください。

本章の最初でも書いた通り、試験というのはそれまでの準備がどれだけできていても、本番で合格点が取れなければどうしようもありません。でも、その「合格点を取る」ことは事前の準備によってどんどん確率を高めることができるものです。

ここまで「試験前1ヶ月間」に絞って、できればこうしておくとよいと考えられることをお伝えしましたが、合格の確率を高める最適な方法は過去問をきっちりこなすことなので、その状態を目指した自分なりの計画をぜひ立ててみてください。

FP

5章

ファイナンシャル・プランナーの知識はこんな場面でも身につけられる

知っておくと日常生活でも役立つ知識

「お金は大事だけど、お金だけがすべてじゃない」というのは、多くの方が感じていることだと思いますが、一方で、今の日本においてお金と無縁で日常生活を送ることが難しいということも、多くの方がわかっていることではないでしょうか。

お金との関わりをすごく簡単にまとめてしまうと、「**入ってくるお金（収入）の範囲内で出ていくお金（支出）を賄うことができていれば、何も気にすることがない**」ということになります。支出のほうが多いのであれば、自分の貯蓄を取り崩すことになりますし、貯蓄すべてを取り崩してしまった後は、誰かの援助がない限りいつかは生活が立ち行かなくなります。一方で、収入のほうが多ければ、確実にお金が貯まっていきますし、そもそも常に支出を上回る収入があるのであれば、貯蓄の必要すらありません。

しかし、現実にはそうはいかないですよね。

いつまでも働いて収入が得られる人ばかりではありませんし、今は収入のほうが多いけれど、将来的には支出のほうが多い時が来るかもしれないという不安は誰にでもつきまといます。また、十分な貯蓄ができればできたで、そのお金をどのように管理していくかを考えていかなければなりません。そして、その選択肢は金融の自由化によってどんどん増えていきますし、黙っていても金融機関の営業の人からすすめられることが出てくれば、何らかの結論を出す必要があります。

また、収入のほうが多いという時を考えてみても、毎月１００円だけのプラスなのか、毎月10万円のプラスなのかによっても今後の対応は違ってきます。もちろん、こうした収支のバランスは一生を通じて同じというわけではなく、転勤や転職、またはボーナスの時期など、生活している中では、自分の収入に変化がある時期というものが、何度となく訪れます。

つまり、何がいいたいかというと、どれだけお金のことを気にせずに生きようとしても、考えざるを得ない時が、かなりの確率で出てくるということです。こういった**「お金に関するイベント」が発生した時というのは、「お金」と真剣に向き合ういいタイミング**です。

そして、お金と向き合う時に知っておくと便利な基礎知識は、まさにＦＰ資格を取得するための学習の中で身につけることができるものなので、今からお伝えする内容は、自分自身の生活に役立つことであると同時に、それが自然とFPの試験対策にもつながることだとお考えください。

では「お金と向き合う」とは、具体的には何をすればいいのでしょうか。これについては、次の3つのステップで考えるのがいいでしょう。

■第1ステップは、現実に目を向けること

家計簿をつけている人であれば、自分の家計簿を一度振り返ってみてください。振り返るのは面倒だと感じる方は、単純に「1年前の貯蓄残高と現在の貯蓄残高を比べてみる」だけでもOKです。これだと、普段は家計簿をつけていない、という方でもチェックできますよね。

そのうえで、自分自身が考えている結果（あるいは理想）とのズレをチェックします。「毎月2万円は貯金をする」と考えているのであれば、単純計算で1年間の貯金額は24万円増えているはずですが、もし実現できていないのであれば、何が原因なのかを知ることが大切です。

また、貯蓄が減っていた場合、最初から「今年は貯蓄が減る年」という位置づけであれ

ば問題ないのですが、そうでなければ、やはり原因を確認しておく必要がありそうです。投資商品を持っている方は、それもちゃんと含めましょう。

「減っているから見たくもない……」という場合、その気持ちはよくわかるのですが、まずは足元をしっかり把握しなければ次の行動が決められず、「何となく気になることが頭の中に残る」だけになってしまいます。

■第2ステップは、過去に目を向けること

これは、第1ステップの中でも書いている「原因をチェックする」という作業です。「なぜ、今の状況になったのか？」を考えましょう。

「使い過ぎ」だったのか「収入が減った」のか「突発的でやむを得ない支出があった」のか、それとも「投資で失敗した」のか……。

「よくわからない」という状況も多いかと思いますが、それはそれで、自分がちゃんとお金の流れを把握できていないことを反省するきっかけになります。「過去にはこだわらない！」という人もおられるでしょうが、同じ過ちを繰り返さないためにも「振り返りと原因分析」は大切です。

■最後の第3ステップは、未来に目を向けること

これは要するに、今後の計画を立てることです。

今までのまま修正しなくても大丈夫なのか、何かしらの修正が必要なのか、また、考え方そのものに変化がないのか、などを落ち着いて考えてみましょう。

ここまで読まれてお気づきだと思いますが、これらのチェックを行なう中で必要となるのが、自分の将来の生活設計である「ライフプラン表」や「キャッシュフロー表」をつくっておくことで、そのためのベースになるのはFP試験のために学ぶ知識であることは間違いありません。

例えば金融資産運用の課目では、投資信託の分類について学びます。

その中で、「あれ？　そういえば以前購入した投資信託ってどのタイプだったかな？　自分としては大きなリスクを避けたいと考えていたはずだけど、どの程度のリスクがあるのかを考えていなかったな」ということに気づいて、商品の見直しにつながることがあります。

また、ライフプランニングと資金計画の課目では、住宅購入時のお金のことや住宅ローンの組み方、見直し方について学びます。

キャッシュフロー表をつくる中で「住居費」の欄を埋めようと思うと、現在の家賃や住宅ローンの返済額等を書くことになりますが、住宅ローンの残り期間や残債などをチェックする中で、「今のローンの金利って結構高いままなんだ。一度借り換えを検討したほうがいいかな」とか、「繰り上げ返済したら、○○万円も利息軽減効果があるんだ。今の貯蓄状況からすると返済しても無理がなさそうだから、一度試算してみよう」ということに気づくことがあり得ます。もちろん、気づくだけではなく実際に実行することで、具体的なメリットが実現できる可能性もあるわけです。

また同じライフプランニングと資金計画の課目では、公的年金制度について学びます。退職後のライフプランを考えるにあたっては、公的年金がいつからいくらぐらいもらえるのかはとても重要なことですが、その受取額を確認するために「ねんきん定期便」を引っ張り出した際や、「ねんきんネット」を利用した際に、年金の仕組みがわかっているのとわかっていないのでは、同じ資料を見ても気づくことが違ってくるはずです。

リスク管理の課目では「契約者貸付」という知識を学びます。

これは、加入している保険の解約返戻金を担保に、一定金額までのお金を借りることができるという制度です。

生活が厳しくなっている中で、便利だからといって金利の高いカードローンを組んでいる人が、一方では貯蓄タイプの保険商品を継続していて高い保険料を支払っている場合、「それならば契約者貸付が利用できるんじゃないかな？　そのほうが支払う利息が少なくなるから、同じ借入れでも返済負担は軽くなるはず」ということに気づくことができますし、そもそも保険そのものを見直すことにも発展する可能性があります。

保険の見直しというのは、営業の人にすすめられた時だけ行なっていたという人にとっては、学ぶことが積極的な行動のきっかけとなり、その結果、金銭的な面でもメリットを得ることができるわけです。

キャッシュフロー表の保険料の項目を埋める時、支払っている保険料を確認するだけでも「あれ？　この保険って何の目的で入ったんだっけ？」とか「このままの内容でいいのかな？」ということに気づき、見直しのきっかけになるかもしれませんから。

これらはほんの一例ですが、このように、**学習したことがストレートに自分の生活に役**

立つというのは、FPの大きな特徴です。

これは逆から見れば、自分のライフプランを真剣に考えてみることで、テキストを読んでいるだけではいまいちピンとこなかったFPの試験対策に必要な知識が、実践で身につくことを意味しますから、無理やり詰め込む学習よりも確実に定着する知識になると思います。

お金まわりの知識というのは、よくわかっていなくても生活することはできますし、知らなければ知らないで、気にならないケースもあるでしょう。

でも、車の運転に置き換えて考えてみてください。車に乗せてもらうにしても、「自分は運転できないから何も口を出さない。すべて運転手にお任せ」という態度が間違っているわけではないのですが、例えば交通ルールの基本的な知識を持っていれば、「あれ？ここって一方通行だから、こっちから入ったらだめでしょ？」とか、「ここは車停めたらダメな場所だよね？」ということに気づいてあげられます。また、場合によっては、「この人の運転は危険だ……」ということに気づいて、「もう乗せてもらうのはやめよう」という判断ができるかもしれません。

そして、この判断が自分の身を守ることになるかもしれないわけです。

要するに、自分が専門的に行なう気がない分野であっても、**基礎知識があることで身を守れるケースが出てくる**ということなのです。

自分の生活や大切なお金を守るためにも、自分の生活に関わることについては、最低限の基礎知識や情報を知っておくに越したことはない、ということに気づくきっかけとなるのです。

日々のニュースも勉強につながる

世界経済の動きとか、金融業界の動きなんていうと、家計には程遠い世界の出来事に感じる方もいるかもしれませんが、そんなことはありません。

「アメリカの景気が悪くなることで円高が進行」というニュースが出たとします。このこと自体は家計に関係のない話のように思いますが、アメリカの景気悪化の結果として、輸出している日本の商品が売れなくなって日本企業の業績が悪くなると、日本の株式市場の下落はもちろん、その企業で働く人のお給料にも影響がでます。もしかすると、お給料やボーナスが少なくなるのは、自分かもしれません。そうすると、先行きが不安になった皆さんは消費を手控えるようになり、ますますモノが売れなくなって景気が悪くなっていき、多くの人がこの悪循環に飲み込まれていきます。

また、円安が進行しているニュースを見た場合、「円安になると外貨建て商品で運用している人は為替差益が出て喜んでいる」という面と、「円安になるということは輸入物価の値上がりを意味するわけだから、輸入品が高くなる」「ガソリンの価格が高くなって家計に影響が出る」という面があることに気づくことができるかもしれません。

これらの話は、金融資産運用の中で学んだ「経済」の基礎知識の話や、外貨建て商品の知識があれば、容易に想像できることですが、学んでいなければなかなかつなげることができない話ではないでしょうか。

逆をいえば、こうしたニュースが出た時に「なぜそうなるのだろう？」と考えることは、試験勉強にも大いに役立ちますし、実際の投資の場面などで、「最近円高が進んでいると思ったら、自分の資産残高が減っていた」という事実を体験することで、頭の中だけではなかなか覚えられなかった「経済環境の変化が及ぼす影響」がしっかりと理解できることにもなるでしょう。

また、テレビの情報番組やニュース番組、または雑誌などで「税制改正が生活に及ぼす影響」とか「公的年金制度の問題点に迫る」という特集を見つけたら、積極的に見るようにしてみてください。

マスコミの情報には、伝える側のバイアスがかかっていることも多いので、鵜呑みにするのは避けるべきですが、こうした特集の際には、視聴者に内容をわかってもらうための前提として「まず仕組みがどうなっているかを確認しましょう」という話から始まることが多いため、一般視聴者や読者に対してわかりやすく解説してくれます。

その他にも、年金や税金、保険、資産運用、相続などといった話題には関心の高い人が多いので、初心者を対象にわかりやすく解説されている書籍も数多くあります。私も勉強していた時はもちろん、今でもこの手の本はよく読んでいます。こういった書籍やテレビ番組を面白いと感じるかどうかは別として、仕組みの理解や知識の整理に役立つことは多いということです。

要するに、ＦＰ試験の学習の復習は、教科書や問題集を開くだけでなく、様々な場面で

行なうことができるので、皆さんも、こうした**ニュースや話題を見かけた時には、自分に身近な問題として考える**ようにしてみてください。

「何となく不安」の正体

「将来のことを考えると不安なんです」という言葉は多くの人から聞くことがあります。「何が不安なのですか？」と聞きますと、「住宅ローンの返済が続く中で、子どもが成長していくと教育費の出費がかさんでくるし、何とかそれをクリアしても老後の年金が今ほどもらえないかもしれないし……」と、不安の原因がいろいろ出てきます。

こうした不安はごもっともですし、気持ちもよくわかるのですが、

「そうですか、じゃあ子どもさんの成長に伴ってかかる教育費はどのぐらいの金額ですか？　その時にはいくらぐらいお金が不足するのですか？」

「あなたの場合、年金の受取額はいくらぐらいになるのですか？」

といった質問をすると、多くの場合「いやあ、それははっきりわからないです」という答えが返ってきます。

つまり、「こうだから不安」というはっきりした問題があるわけではなく、「よくわからないから何となく不安」というケースが多いということではないでしょうか。


では、それぞれについて具体的に確認してみましょう。

まずは「住宅ローンの返済が続く中で子どもの教育費がかさむ」という点についてです。

将来の数値には「予想できるもの」と「予想できないもの」があります。自分や家族の年齢が5年後に何歳になるのかは、予想できる数値ですよね。5年後には必ず「今の年齢+5歳」になりますから、5歳の子どもは10歳になりますし、13歳の子どもは18歳になります。

さらに、特別な事情のある方を除くと、進学のタイミングというのは基本的に決まっていますから、7歳（早生まれの場合は6歳）の誕生日を迎える年の4月には小学校に入学し、13歳（早生まれの場合は12歳）の誕生日を迎える年の4月には中学校に入学する、ということもわかります。

その後、高校、大学に進学することを想定する場合でも、留学したり、浪人をしたりといった事情は人それぞれあるかもしれませんが、いつになるか見当がつかないということはないでしょう。

そして、その時にかかる学費についても、子どもの進学予定の学校の学費を調べることは難しくありませんし、全国平均の数値も文部科学省等の公的機関や教育事業を手がける企業等から公表されていますので、おおよその目安を立てることが可能です。

生活費がどう変化するかはわからない面もありますが、これまで毎月20万円で生活していた家計が、1年後にいきなり月40万円の生活費になることは考えにくく、20万円前後の金額だろうということは想像できます。

これらを数値で表わしたものを「キャッシュフロー表」といい、ライフプランニングと資金計画という課目で学習する内容です。

このキャッシュフロー表を作成することで「住宅ローンを返済しながら教育費がかかり始めた場合、毎年の家計がどうなるのか」は予想することが可能です。

もちろん、予想通りにはならないかもしれませんが、こうした表で具体的な数値を把握できるようになると、「車を買い替えようと考えている2015年は赤字だけど、貯蓄でちゃんとカバーできそう」とか「子どもが中学を卒業するまではそんなに心配いらないけど、

キャッシュフロー表の例

		西暦	2013	2014	2015	2016	2017	2018
太郎（夫）			39歳	40歳	41歳	42歳	43歳	44歳
花子（妻）			36歳	37歳	38歳	39歳	40歳	41歳
大輔（長男）			9歳	10歳	11歳	12歳	13歳	14歳
		変動率						
収入	給与収入（夫）	1.0%	550	556	561	567	572	578
	給与収入（妻）	0.0%			72	72	72	72
	一時的な収入						50	
	合計		550	556	633	639	694	650
支出	基本生活費	1.0%	240	242	245	247	250	252
	住居費		132	132	132	132	132	132
	教育費	2.0%	31	32	32	33	65	51
	保険料		48	48	48	48	48	48
	その他の支出		60	60	60	60	60	60
	一時的な支出				250			
	合計		511	514	767	520	555	543
年間収支			39	42	▲134	119	139	107
貯蓄残高			439	481	347	466	605	712

〈万円〉

高校に入る年ぐらいから毎年20万円程の赤字になるから家計が厳しくなりそうだな。ましてや私立の学校に通うことになったら大変だ」ということがわかってきますし、年間20万円の赤字を埋めるためには、世帯の収入を20万円増やすか、支出を20万円分抑えれば何とかなる、ということもわかります。

こういった段階を踏むことで、「漠然とした不安」が「解決すべき課題」となりました。「不安」というのは、放っておくとどんどん膨らむものですが「課題」というのは、解決することで乗り越えていけるものなので、今から何をすればいいのか、何を準備しておけばよいのかが明確になるわけです。

生活に関わるお金に対する「何となく不安」の正体は、「将来のお金の流れが目に見えていないこと」がほとんどですから、それを解決するひとつの手段としてＦＰ試験の学習で学ぶキャッシュフロー表が役に立つのです。

こんな場面、ＦＰはどう考えている？

「この件についてプロの意見を聞かせてください」

というのは、取材やインタビューなどでお受けする定番の質問です。

その質問の中には、

・教育資金の準備にはどのような商品を利用するべきですか？

・生命保険に加入する際には、どういったことに注意するべきですか？

という、考えるポイントははっきりしていても、**答える専門家によって内容が異なるもの**もあれば、

・1年後の株価や為替はどうなっていますか？

・住宅ローンの金利は上がるのですか？

といった、そもそも、**どんな専門家であっても正確に予想することができないもの**もあります。

こういう場合、私たちFPはどのようなことを考えているのでしょうか？

FPによって考え方や結論は様々だ、といってしまえばその通りなのですが、例えば次のような例を取り上げてみましょう。

「家を買う時に、お金があってもローンを組むほうがいいといわれたんですが、本当なんですか？」

皆さんならどう考えますか？

私の場合、まずは**「具体的な数値」に置き換えて、わかりやすい事実を出す**ようにします。

そのために、まずは「2500万円の家を買う」という具体的なケースを設定します。

話をシンプルにするため、最初の段階では諸経費や税金の影響などは無視しますので、現金を2500万円出せば買えるということで、これを「現金一括で買う」ケースと「あえてローンを組んで買う」ケースに分けて比較していきます。

こう考えると、まず「現金一括」で買うと、この場合の総支払額は2500万円でおしまいですよね。では、現金を手元に残して、あえてローンを組んでみるとどうなるでしょう。

「あえてローンを組む」のはなぜかといえば、今の日本では住宅ローンを組んだ場合、「住宅ローン控除」の適用を受けることができるので、負担する税金が軽減されるという特典を利用することができるからです。ここでは、住宅ローンの返済期間を「住宅ローン控除」を使うことができる最低期間の10年間で考えます。

住宅ローンを組む場合は、金利がどうなるのかも大きな要素ですが、ローンの種類や金融機関によってもずいぶん違いますので、例えば10年間の固定金利のローンを利用することにし、その金利水準が1・5％だと考えます。こういう条件は、なるべくシンプルに考えることが大切です。

さて、この条件で毎月の返済額を計算（資本回収係数や返済額早見表などで計算）してみると22万4479円となり、10年間の返済における返済総額は22万4479円×120ヶ月＝2693万7480円となります（端数は考えません）。

つまり、2500万円との差額の「193万7480円」は10年間に支払う利息の総額ということで、現金一括で買うよりも総額では多くの金額を支払う必要があることがわかります。

しかし、住宅ローンを組んだ人は住宅ローン控除を利用することができます。住宅ローン控除というのは、「一定要件を満たすローンを返済している場合、年末のローン残高の

1％の金額を所得税から差し引くことができる」というもので、仮に年末時点で2500万円のローン残高があれば、25万円の税金が戻ってくることになります。もちろん、戻ってくる以上の所得税を支払っていることが前提ですが、こういった細かい条件もすべて省きます（平成25年現在、住宅の性能によっては控除額の上限が20万円となっています）。

1月からローンの返済が始まるとすると、1年目の年末残高は2266万5242円なので、住宅ローン控除額は単純計算で22万6652円となりますが、ローンを返済すると残高も当然減りますから、2年目の年末には2029万5224円になり、住宅ローン控除額は20万2952円となります。

こうした計算を10年間分続けますと、10年間の総額で約115万円の控除を受けることができるので、支払利息の総額193万7480円から115万円を差し引いた、78万7000円が、実質的に負担する利息の総額と考えられ、確かに少なくはなりますが、総支払額を比較すると現金一括で買うほうがメリットがあることがわかります。

こういう計算を具体的に行なうことで、「住宅ローン控除という制度はありますが、やはり現金一括で買えるならば買うほうがいいのではないでしょうか？」というひとつの結論が出てくるわけですよね。

つまり、与えられた条件の中でシミュレーションを行ない、具体的な数値で比較する、という作業を行なうことで見えてくるものがあるというわけです。

なお、ここでは触れていませんが、もっと突き詰めて考えると、「ローンで買った人は2500万円のキャッシュが手元に残っているから、そのお金を運用することで利息を得ることができる」ということも考慮する必要がありますし、「現金一括で買った人は、その後のローン返済がないので、その分を貯蓄に回すことができる」ということも考慮する必要があります。また、住宅ローンには保険（団体信用生命保険）が付加されていることが通常なので、返済している人が途中で亡くなると、この保険によってローンの残債は返済されるので、そのことも選択材料には加味することになるでしょう。住宅ローンの金利を何％で計算するかによっても答えは違ってきます。

より正確なシミュレーションをしようとすると、どんどん複雑になっていきます。

ここから先は、興味のある方は一度考えていただいてもいいと思うのですが、要するに、何かご質問をいただいた時には「想定されるケースに具体的な数値を当てはめたシミュレーションを行なう」ということが、FPとしての私の思考だということをご理解ください。

ここまで読んで気づかれたかもしれませんが、FPがどう考えているのか？ という質問に対しては「FPといっても、人によって答えは違う」というのが正解なのですが、基本的には**複数の可能性を想定することと、複数の選択肢に気づくことができるというのが、FP的な思考**なのかなと思っています。

ランチが1種類しかなければ、迷いようがありませんからアドバイスの必要もありません。しかし、ランチが5種類あれば、それぞれどんな内容かの説明を聞いてからでないと選ぶことができません。その中で、単に「好き」か「嫌い」かだけではなく、「ランチの後は、お客様との面談があるから、匂いの残る食べ物はやめておこう」といった選択肢も出てきますよね。

このように、将来の可能性を複数考え、それに合わせた選択肢も複数の中からメリット・デメリットを考慮して、現時点でベターなものを選ぶことが大切であり、そのための様々な材料を学び、選択肢を絞り込んでいくことがFPの役割となります。もちろん、前提条件や世の中の環境は変化しますから、見直しが大切なことはいうまでもありません。

これから、お金に関する悩みがあった時には、今述べたように考えてみてはいかがでしょうか？　そうすると、専門家の意見を聞いた時に、それを鵜呑みにするのではなく、自分なりの考えと比較することもできますし、自分の判断に大きなプラス材料になるかもしれません。

自分の将来設計を考えてみよう

１章で想像した「10年後のなりたい自分」では、どんな未来を想像しましたか？「今の年齢＋10歳」になった時、自分はどんな環境で日常生活を送っているのかというのを想像するのは、楽しくもあり不安でもあることです。

「流れに任せる」という考え方も素敵ではありますが、「こうなっているといいな」という想像があるのならば、それを目指すためにもゴールまでの自分の地図を持っておくことは大切です。

将来設計を考えるということは、自分の人生の地図を持つということに他なりませんが、旅行に行く時を考えてみても、国内旅行に行くのに世界地図を見ていても役に立ちませんし、北海道に行きたいと思っているのに九州の地図を持っていてはどうしようもありません。ただし、そもそも論として「九州がどんなところか」「北海道がどんなところか」という最低限の基礎知識がなければ、間違った地図を見ていても気づかないかもしれないですよね。

行ったことがない海外で「これがあなたの行く街です」といって地図を渡されたとしてもそれが正しい地図なのかどうかは判断のしようがありません。

「えー、これって九州の地図でしょ？　私が行きたいのは北海道だから、これは違いますよ」とはっきりいうためには、それぞれの違いを知っておく必要があるというわけです。

地図に関していえば、日本国内の地域に関する基礎知識は学校でも教えてもらえますから、まったく違う地域の地図を渡された時には気づくことができますが、お金に関してはこうした基礎知識を学ぶ機会というのは残念ながらありません。

金融機関の担当者からある金融商品をすすめられた時、

「いや、私がやりたいのは短期間で大きく殖やす可能性がある投資ではなくて、元手がほとんどない中で、退職までの30年間に積み立てをしながら1500万円の金融資産をつくることなんです。だからこの商品は違います」

と、自信を持っていうことができるでしょうか？

そのためには、投資に関する考え方や金融商品に関する基礎知識がなければいけないことは、もう十分にご理解いただけたことでしょう。

FP試験で学んだ知識が自分自身の将来設計に役立つと同時に、自分自身の将来設計を考えるために調べたことが、FP試験の学習に役立つというわけです。

世の中の変化に対応する力を身につける大切さ

私がFPの資格を取得したのは1995年のことです。

その後、講師の仕事からスタートしましたが、保険会社に転職してから、多くの人の相談を受けるようになり、それが独立した後も続いています。

この間、様々なご相談に応じてきましたが、その一方で、「**なんだかんだいっても、結局はお金のことは人に相談しにくいものなんだ**」ということにも気づくようになりました。

お金のことで気になることがあるから、ちょっと聞いてみたいな、教えて欲しいな、と思うことはあっても、自分の今の収入や支出、持っている資産の状況などを、まだよく知らない他人に細かく話をすることには抵抗ありませんか？


ですから、お金に関する知識は、本来一人ひとりが自分で考えられるようになっておくことがいいのだと思います。ただ、自分一人で考えるには様々な制度や商品などが複雑になり過ぎているので、どこかで、「こういう考えで、こういう風にしようと思うのだが、これでいいのだろうか」と、専門家からアドバイスを得ることも大切です。


これから先も、少子高齢化が進み人口減少社会を迎える日本はもちろん、どんどん人口が増えていく中で食料やエネルギー問題に直面する世界全体においても世の中はますます変化していくでしょう。

変化の行く末がどうなるのかは誰にもわかりませんが、**今までの経験だけでは通用しな**

い世の中になった時、まわりで起こった出来事に振り回されるだけではなく、自分の生活を自分で守るための知識や情報を身につけておくことは今まで以上に大切になってくるのだと思います。

お金を持つことと幸せとの関係

「お金さえあれば……」

というのは、様々な場面でよく聞く言葉のひとつです。

あたかも、お金がすべての問題を解決するかのようなこの発言を、皆さんはどう感じますか？

これはある意味では真実ですし、ある意味ではまったく的外れな言葉ともいえます。「お金だけがすべてじゃないけど、お金がなければできないことも多い」というのもまた真実の一面です。

お金に関して、本質を突いた多くの著書を上梓されている経済小説家の橘玲氏は、その著書の中で、「幸福になるためにはお金が必要だけど、お金は幸福をむしばんでしまう」（『残酷な世界で生き延びるたったひとつの方法』幻冬舎）ということを書かれています。

一方で、阪急電鉄創始者の小林一三氏は「金がないから何もできないという人間は、金があっても何もできない人間である」という言葉を遺しておられ、その人が今やりたいことができないのは、決してお金だけの問題ではなく、お金以前にもっと大切なことがあることを伝えています。

「お金と幸せ」というのは、私自身がお金に関わる仕事をするようになってからずっと追いかけてきたテーマのひとつですが、現実には、「お金があって幸せな人」もいれば、「お金はあるけれど不幸な人」、「お金はないけれど幸せな人」、「お金がなくて不幸な人」もいます。

そもそも「幸せ」というのは、かなり主観的な問題なので、どういう状況が幸せなのかは人によって全然違いますが、思想家であり実業家でもあった中村天風氏は、「本当の幸福とは、自分自身の心が感じ取る、満ち足りた平安の状態をいう」といっていますし、書家・詩人である相田みつを氏は、「しあわせは　いつも　じぶんの　こころが　きめる」（『しあわせはいつも』文化出版局）という詩を遺されています。

これらの言葉から思うのは、幸せというのは心のありようだということであり、結局のところ、自分とお金とのつき合い方や幸せな人生を送るための法則は人それぞれということになりますが、自分にとっての幸せを望み、具体的な行動を取らないことには、その「望む結果」は訪れないのではないでしょうか。

イギリスの詩人、ジョゼフ・アディソンは、「幸せな人生に必要な3大要素とは、行動すること、愛すること、そして望むことだ」と述べています。

ＦＰをしていてわかったこと

「コミュニケーションがうまく取れていないと、ライフプランを立てても実践できない」。

これは、多くの方から相談を受ける中で、私自身が感じたことのひとつです。私がコミュニケーションスキルについて学んだのは、もう10年以上前のことですが、自分自身の相談業務はもちろん、セミナーから日常生活にまであらゆる場面で役に立っています。

コミュニケーションスキルの重要性を感じている方は多いのではないかと思います。そして相談に来られる方や、セミナーを受けられる方が、そこで気づいたことや学んだことを生活の中で実践していくためにも欠かせない要素といえるでしょう。

そもそも「ライフプランの重要性」という大枠の話は、ピンとこないながらも否定する理由もないので、「まあ確かにそうだよな」と思う人は多いもの。でも、そんな気持ちだから積極的に実行するに至らないし、ましてや、家族の中で誰か一人の意識が高まっても、意識が高まっていない他の家族との温度差が広がるだけになってしまい、ますます実行するタイミングを逃してしまいます。

そこで重要となるのがコミュニケーションなのです。

家族間でのコミュニケーションが取れていると、相手の考え方が理解しやすくなりますし、そのことによって、こちらが意図していることも伝わりやすくなります。要するに、相談やセミナーで「自分が聞いてきたことを一方的に話す」だけではなく、「相手の話を聴いたうえで、それに合わせて話を伝える」ことができるようになるわけです。

余談ですが、私なりに、「きく」という言葉を使う時、「聞く」という漢字には、「単に聞こえているだけ」という意味を込め、「聴く」という漢字には、「相手を理解しようとして聴く」という意味を込めています。

私たちFPが関わる家計の問題は、家族の中で誰か一人が突出した意識を持っていてもなかなかうまくいかず、場合によっては家族間での溝が広がってしまうことになりかねません。でも、相手の思いを受け止めて理解することと、みんなにまんべんなく考え方が浸透することで、具体的な行動に対しての協力が得やすく、継続にもつながります。

結局のところ、**結果が出るかどうかの違いは、継続できるかどうかの違い**です。

大リーガーとして大活躍されているイチロー選手の有名な言葉に、「小さいことを積み重ねることが、とんでもないところに行くただひとつの道だ」というものがありますが、お金に関することもまさにこの通りだと思います。

ある一瞬だけ盛り上がって意識するようになっていても、それが継続できていなければすぐに元に戻ってしまいます。

FPとして活動している中でも、1回目の相談に来られて非常に多くの気づきを得られたにもかかわらず、その後まったくお越しにならない方がおられるのですが、もしかすると、このあたりに原因があるのかもしれません。つまり、相談に来られた方には十分に伝わったのだけれど、その後、家族の中ではなかなか共有できず、意識を継続することが難しい、という状況になってしまったということです。

もちろん、そもそもの相談の場面で、相談者とFPとの間に温度差があったのかもしれません。こちらからすると、とても大事なことを伝えているし、お客様の役に立つと確信しているけれど、相談に来られた方の想いとは必ずしも一致しておらず、こちらが思うようには相手に伝わっていない。コミュニケーションを取り、相手が受け入れる（聴き入れる）態勢になった時にこそ、その言葉が耳に届くのだと思います。

一人暮らしの場合、コミュニケーションは関係ないと思われるかもしれませんが、そんなことはありません。これは要するに「自分自身とのコミュニケーション」のことをいっているのですが、いくら自分一人の問題だといっても、表面的に感じていることと、本音で感じていることにギャップがあると、長続きすることはないようです。内なる声に耳を傾けるというのは、なんだか観念的過ぎるかもしれませんが、大事だと思っていながらなかなか実践できない、継続できないという方は、そんなことも意識されるといいかもしれません。

ライフプランを立てるという場面に限らず、たとえ家族であっても「お金のことを本音で話し合うことができない」という方は多いように思います。どちらかといえば切り出しにくい話題ですし、あまり触れたくないという気持ちもあったりしますから、ある意味仕方のないことでしょう。理屈では大事だと感じていたとしても、感情的には表立って話をすることが難しいということを考えると、家計管理やライフプランを立てることは、日頃からのコミュニケーションが取れていないと難しいかもしれません。

そのためにも、まずは「**本音で話ができる雰囲気づくり**」をすることも心がけたいものです。

FP

6章

ファイナンシャル・プランナー試験に合格した先に広がる世界

幸せな家計を築く18のポイント

「お前たちが若い時分から今に至るまで、何とか生活できるだけの金しか手に入れることができなかったのは、『富を増やす法則』を学んでいなかったからだ。あるいは、学んで知っていたとしても、それを実行しようとしなかったからだ」

これは、1920年に発刊されて以来、全世界で1000万部以上が売れたといわれている『バビロンの大富豪　「繁栄と富と幸福」はいかにして築かれるのか』（原題：『THE RICHEST MAN IN BABYLON』ジョージ・S・クレイソン著　グスコー出版）の中に登場する言葉です。

ファイナンシャル・プランナーの藤川太氏が監修された『金持ち人生ビギナーズノート』（プレジデント社）にて紹介されていたことで知ったのですが、この他にも私自身がドキッとさせられる、お金に対する本質をついた言葉がたくさん書かれてありました。

このように、「○○の法則」的な話は、著名な方の言葉から出所不明な噂話まで、インターネット上でも数多く見つけることができますが、私なりにFPとして今まで多くの家庭と関わらせていただく中で、幸せを実感していそうだなと感じる家庭には、何かしらの共通点があるようにも思っていました。それをあえて「18のポイント」という形にまとめてみましたので、本書の最後にご紹介しておこうと思います。

【ポイント1　家庭円満（仲間との交流も含む）】

最初のポイントは「家庭円満」です。

これは、「夫婦円満」でも「親子円満」でも「恋人円満」でも「友人円満」でも一緒のことで、要するに、人間関係全般について「円満」であることが大切だということです。

解釈の仕方は人それぞれなのかもしれませんが、私が思う円満になるためのポイントは、「**お互いが相手に対する思いやりを持っていること**」と「**感謝の気持ちを忘れないこと**」の2つに集約されるような気がします。

【ポイント2　健康に気をつける】

何をするにも「健康」なのが重要であることは当然です。とはいえ、私自身を含め、自分の行動や習慣を振り返ってみると、「当たり前だけど実行できていない」ことは結構多いので、やはり意識しておきたいことだと思います。ちなみに、ここで私が考える「健康」は、「**身体の健康**」はもちろん、「**心の健康**」も含まれます。

「心の健康」というのは、定義が難しいのですが、簡単にいうと、「**いつも気持ちよく過ごす**」という感じでしょうか。心配事や悩み事をなくすことはできないと思いますが、「いつも前向き」に、何事にも取り組んでいきたいものです。

【ポイント3　仕事に勤勉である】

この本でも何度か出てきたライフプラン表を作成しますと、「将来のお金の流れ」や「貯金の推移」が見えるようになるわけですが、やりたいことばかりを盛り込んでいくと、お金の面で厳しい結果となり、「キャッシュフローの改善」が不可欠となります。この改善するための手段は、

- 収入を増やす
- 支出を減らす
- 運用利回りを上げて、投資収益を増やす

の3つしかありません（例外として「援助を受ける」というケースもありますが）。

この中で自分の意思でコントロールできるものは、「支出を減らす」ことだけです。そして、「収入を増やす」ということは、自分の意思だけではなかなか動かせないものではありますが、**増やすための第一歩**は、やはり「仕事に勤勉（まじめによく勤める）である」ことでしょう。

家計が厳しい状況にある人ほど、「宝くじが当たれば……」のような「偶然の一発逆転」や「楽して儲かる」的なインターネットの活用術などに興味をもたれるケースが多いように感じますが、幸せなライフプランの前提は、「仕事に勤勉である」ことであり、決して「一攫千金の夢を見る」ことではないことを、忘れないようにしたいものです。

【ポイント4　いい意味での「節約上手＝倹約家」である】

「節約上手」であることは、「家計を改善」する3つの方法のうち「支出」を減らすために不可欠の要素です。

ちなみに、「節約」とは「**無駄遣いをやめて切り詰めること**」で、「倹約」とは「**無駄を省いて出費をできるだけ少なくすること**」と説明されます。

でも、単に節約するだけではなく、あえて「いい意味での」という言葉をつけたのは、それが「**ストレスにならないこと**」が大切だと思うからです。

節約を意識するあまり、ちょっとしたことに過剰になり、それが、本人や家族のストレスにつながってしまうようだと、やはり「いい意味での節約」とはいえないと思うわけです。

また、ストレスにならないように無理なく継続できる仕組みづくりと共に大切なのは、ここぞという時に出し惜しみをしないことかもしれません。いつもは節約・倹約しているけれど、旅行に行った時にはパーッと使うとか、たまには思い切って外食するとか（もちろん、度を超してはだめですが）です。

結局のところ、お金というのは「使うため」にあるはずですから、「節約」はしても、「ケチ」にはならないように気をつけたいものです。

【ポイント5　お金を好きになる＝お金と真剣に向き合う】

皆さんは、お金が好きですか？

こういう質問を真剣にされると、なんとなく引いてしまう方が多いかもしれませんね。よくいわれるように、日本人はお金のことをおおっぴらに話すことを、「行儀がよくない」こととして捉えがちです。でも、今の時代の日本においては、生活していくにはお金は必要ですし、自分の夢をかなえる原資になるのも、お金であることが多いはずですから、まったくお金と無縁でいられる人は少ないでしょう。

そうであるならば、「嫌いだけど、いやいやつき合う」なんてことがないように、「お金を好きであること」を大事にしたいものです。お金は、嫌われている所には寄ってきませんし、お金を大事にしない人にも寄ってこないといいますよね。

お金を好きになるということは、お金について真剣に考えるということ。そうすれば、きっと何かが変わるのではないかと思います。

【ポイント6　生活の中でのよい習慣を増やす】

「習慣」というのは、簡単にいうと「いつもすること」「くせ」のことですが、この「習慣」が生活にもたらす影響は、とてつもなく大きいと思います。

ここで私が「よい習慣」といっているのは、「**自分の生活によい（望ましい）影響を与える、継続的な行動**」とお考えください。当然ながら、「お金」に関することだけではありません。よい習慣を増やすことで生活が充実してきますし、生活を充実させることが、「幸せな家計」を築く大事なポイントになるというわけです。

ちなみに「家計」という面から見てみると、一番わかりやすい「よい習慣」は、「支出を記録すること」でしょうか。支出を記録するための行動といえば、「家計簿」をつけることがまず思い浮かびますが、家計簿をつけるのが苦手な方は、ノートでも日記でもいいので、「今日使ったお金を記録する」ことから始めてみましょう。最近ではスマホで利用できる家計簿アプリも充実しています。

「積立」なども「よい習慣」でしょう。これは「自動引き落とし」などの仕組みを使うことで、無理やりでも継続させる（習慣化する）ことができますよね。

最初は意識してやっていることが、繰り返すことで習慣になる。あるいは、意識せずとも習慣化する仕組みをつくる。逆をいえば「悪い行動」も継続すると習慣になってしまいます。「浪費」というのが典型的でしょうか。気をつけたいものです。

【ポイント7　ぶれない目標を持つ】

7番目は、目標を持つことの重要性です。

ぶれないとはいっても、もちろん、目標の変更は問題ありません。

何事も「結果を出す」ためには「ゴール」が必要ですよね。「仕事」しかり、「受験勉強や資格試験の勉強」しかり、「マラソン」しかり、たどり着くべき「目標」となるゴールがなければ、何に向かって努力すればいいのかという「方向」がわからなくなりますし、どこまでやればいいのかという「距離感」もつかめません。

私たちFPが、お客様の「ライフプラン」を作成する時も、「いつ、何がしたいか」という目標は必ず設定します。そうでなければ、立てた計画が「単なる数字合わせ」になってしまい、実現の可能性が低くなりますから。

身近なことでも、「1週間後に旅行に行く」という、ぶれない目標があれば、体調を整えておくことはもちろん、不足しているものを買いに行ったり、荷物の準備をしたり、「今やるべき具体的な行動」をワクワクしながらすることができますよね。

家計簿をつけるという行為ひとつを取ってみても、ただの「作業」にしてしまうのではなく、**「目標に近づくための前向きな活動」**ととらえれば、いやいやつけることもなくなるのではないでしょうか。

【ポイント8　長期と短期の計画を立てる】

「目標」を持ったあとは、それを達成するための具体的な「計画」が欠かせません。そして計画を立てる時に重要なのが、「長期」と「短期」、両方の計画を持つことです。

長期の計画は、いわば、**「全体の地図を見て進むべき道筋を決める」**ようなもので、あまり細かいことにこだわらず、「夢」や「希望」に基づいたざっくりしたものでしょう。

一方で短期の計画は、「毎月の家計管理」的な部分で、**「日々の行動につながる具体的な**

もの」が望ましいでしょう。長期の計画に沿って進んでいく中で実際に目の前に出てくる問題に対応し、長期の計画の微調整や修正を行なうものです。

ライフプラン上の目標を実現させるには、常に「長期の視点」と「短期の視点」を意識すべきだということを忘れないようにしましょう。

【ポイント9　計画を実行すること】

「計画を立てたら実行しなければ意味がない」というのは、あまりにも当たり前すぎる話ですが、現実には「計画倒れ」ということが頻繁に発生します。

特に一人で立てた計画というのは計画倒れになりやすいのですが、計画を立てておきながらそれを実行しないというのは、「**自分との約束を破っている**」ことに他なりません。これを続けていると、無意識のうちに「どうせまたできないでしょ……」と考えてしまい、その結果、本当にできなくなってしまう、ということが起こります。そしてそれが「悪しき習慣」として定着してしまいます。

夢を持ち、目標を持ち、具体的な計画を立てて実行する。

これでこそ、プライベートもビジネスも充実する結果につながるのではないでしょうか。

・知っておきたい名言

『行動は必ずしも幸福をもたらさないかもしれないが、行動のないところに幸福は生まれない』（イギリスの政治家、小説家　ベンジャミン・ディズレーリ）

【ポイント10　定期的な見直しをすること】

立てた計画がその通りに進むとは限らないということは、珍しいことではなく、むしろそのほうが多いかもしれません。ライフプランの計画も例外ではないでしょう。「5年後の住宅購入の頭金を貯めるため、年間50万円の貯金をする」という目標が、家計の状況からも十分達成可能だと思われる数字であったとしても、実際に1年間経過すると、思ったように貯まっていないということはよくある話です。

計画と現実がずれること自体は仕方ありませんが、ただ、その時に大事になのは、「ずれたまま放置しない」ということです。「50万円を貯金する」つもりが、「30万円しかできなかった」のであれば、その時点での貯蓄残高は「計画より20万円少ない」わけですから、今後の計画を見直すことが必要だということです。

当初立てた計画を「意味あるもの」にできるか、「無意味なもの」にしてしまうかは、「定期的な見直し」ができているかどうかにかかってきます。「見直し」をすることで、ずれてしまった原因を探ることもでき、今後の行動を改善することができるわけです。せめて1年に一度は、計画と現実にずれがないかどうかをチェックするようにしましょう。

【ポイント11　結果を急がないこと】

家庭のお金に対する相談を受けていますと、「結果を急ぐ人」が多いように感じます。「家計簿の見直しをしたらすぐに家計が改善できると思っている」とか、「株式投資の勉強をしたらすぐに儲かると思っている」などというのが典型的でしょうか。

当然ながら、行動を開始してすぐに結果が出ることは、さほど多くないと思います。お金に関することに限らず、例えばダイエットにしてみても、「ご飯の量を減らしたらすぐに痩せる」なんてことはないでしょうし、「筋トレをしたらすぐにたくましい身体になる」なんてことはありませんよね。やはり「日々の継続」によってこそ、自分が望む結果に近づくことができるのは当然のことです。

家計簿の管理やライフプランの作成なども、実際の効果が出てくるまでにはタイムラグがあります。このタイムラグに耐えることができず、せっかく始めた行動をやめてしまう方が少なくないように思います。

「知る」ことで、まわりの方より少し優位に立ち、「知ったことを行動に移す」ことで、さらにもう一歩前に進めたにもかかわらず、結果が出る前に行動をやめてしまえば、「知ることさえしない人」と変わらないですよね。

結果を急がず、結果が見えてくるまで続けることを常に意識しておきたいものです。

・知っておきたい名言

『目に見えてその成果が表われるようになるには、相当の量をこなさなければいけない。でも大部分の人が途中で諦めてしまう』(元プロ野球選手　王貞治)

【ポイント12　できない理由ではなく、できる方法を考えること】

これも、多くの方の相談をお受けしていて感じるのですが、相談内容に対するこちらからの提案に対して、「ちょっとそれは難しいですね……」といって、最初から実行の道を閉ざされる方は、思いのほか多いものです。

これは家計管理の話だけではありません。FP資格を取るために勉強をされている方でも、「忙しいので、勉強の時間が取れない」というように、「できない理由」を並べる方はたくさんおられます。理屈では誰もがわかっていると思うのですが、**「できない理由」を並べているうちは、何ひとつ解決することはありません。**よくても、現状がそのまま続くだけですし、場合によっては、ますます悪化する可能性が高いものです。

「できない理由」ではなく、「どうしたらできるか?」といった「できる方法」を考えることの重要性は、ビジネスに関する本などにもよく出ていますが、日常生活の中で実践できている人は、実際には少ないのでしょう。ぜひ「どうすればできるのか思考」を身につけてください。

【ポイント13　原因は自分にあることを理解する】

13番目は「原因は自分にあることを理解する」ですが、これは「**結果を受け入れる**」ということに他なりません。

自分に都合の悪いことが起こった際、「なんでこんな目に遭うんだ……」という思いを抱いてしまうのは、自然な反応だとは思いますが、その原因を突き詰めていくと、自分自身の準備不足、努力不足であったり、自分自身のいったことや行動の結果であることがほとんどではないでしょうか。

お金の面においても、「思うようにお金が貯まらない」「いつもぎりぎりの家計状態になってしまう」という時に、「給料が上がらないから」「残業代がカットされたから」「予期せぬ出費が続いたから」など、その原因を外部に求めたとしても、何も解決にはつながりません。

そうではなくて、「この状態になってしまったことには何らかの意味がある」「自分に何か原因がないだろうか？」と考えれば、自分自身の行動を振り返り、見直しをするきっかけにできるかもしれません。

【ポイント14　決断する】

これこそ、言葉そのままの意味です。

「わかっている」と、「実践している」の差が大きいことは、今さら説明するまでもありませんが、「実践する」ために必要なのは、「具体的な行動」であり、「そのための決断」のはずです。**決断をしなければ、次の行動はありません。**

家計が厳しい状況になったり、気になることがあり、「何かを変えなきゃいけない」ということで相談に来られた方が、変えるべき（見直すべき）ことがはっきりしたとしても、それだけでは、現実は何も変わりません。

いろいろと検討した結果、「現状のまま何も行動をしない」という「決断」をしたのであれば、それはそれでいいと思うのですが、「どう考えてもこのままではダメだな」と思いながら「決断」せずにいるのであれば、それは単なる「問題の先送り」に過ぎません。「決断」をして、「実行」することで、「結果」につながる。なんだか、ビジネスパーソンの仕事術みたいな雰囲気になってしまいましたが、家計管理も同じだと意識していただければと思います。

【ポイント15　曖昧なところを残す】

「FPとして仕事されている栗本さんは、やっぱりお金の管理をきっちりされてるんでしょうね」と、いわれることがあります（もしかして、皮肉なのかもしれませんが……）。

これはとんでもございません。自慢できることではありませんが、私自身のお金の管理は、決して褒められたものではなく、反省や見直しの連続です。支出の記録は毎日つけていますし、予算管理も行なっていますから、一般的にはしっかり管理しているほうだとは思いますけれど、反省する（無駄遣いをしている）ことはしょっちゅうです。「わかっちゃいるけどできていない」ということも多々あります。

でも、負け惜しみではなく、これでもいいと思っています。これは「いい加減でいい」

というわけではないのはもちろんですが、**何事も「完璧」を目指すと、少し乱れただけで、調子が狂ってしまいますから、そこには「ゆとり＝曖昧なところ」を残しておくほうがいい**と思うのです。

【ポイント16　世の中の流れを知ること】

私は自分自身のライフプランをつくる時に大事なのは、「自分を知る」ことと「まわりの状況を知る」ことだと考えています。「まわりの状況を知る」というのは、「自分を取り巻く環境を知る」ということでもあります。この場合、「今」の状況に対応することも必要ですが、より重要なのは「**これから環境がどう変化するのか**」を知ることです。

例えば、「今」お給料やボーナスが減ったことは、たちまちの対策を講じる必要のある大きな問題ですが、その場合でも「来年はどうなるか？」によって、対応策は変わってきます。収入が減ったのは一時的なことで、来年以降はまた元に戻るのであれば、その場をしのげればオッケーかもしれませんが、来年以降も同じような状況が続きそうなのであれば、根本的な対策を考えなければいけません。

そのためには、今の世の中の環境と同時に、将来の世の中がどうなっていくのかという、

「流れ」を意識する必要があると思うわけです。もちろん、将来の予測を正しく行なうことなどできませんから、「どうなるのか？」ということに思いを巡らせるのではなく、「どうなる可能性があるのか？」という選択肢を持ち、「その場合にどうすればいいのか？」という**「世の中の流れに柔軟に対応する力」**を持っておくことが大切です。

また、これらの問題への対応は、すべて自分一人で完結できるものではありませんから、「いざという時に頼るべき相手、相談する相手」というものをつくっておくことも大事かもしれません。

【ポイント17　だまされないだけの金融知識を持つこと】

幸せな家計を築くために「金融知識」を持っておくことは、これからの時代ますます大事になってくると思います。

この時に「そもそも金融知識って何を指すのですか？」という疑問が出てくると思うのですが、そのベースになるのは間違いなくＦＰで学ぶ知識でしょう。ここで私がいっている金融知識というのは、「金融商品を見極める知識」であり、「お金を管理するための知識」であり、「金融機関の人などがいっていることを正しく理解するための知識」であり、「様々な制度を把握するための知識」であり、「怪しい話にだまされないための知識」であると考えてください。

ＦＰの学習項目は「金融知識」以外にもいろいろありますが、その中でも特に押さえておきたい分野として意識していただきたいものです。

【ポイント18　感謝を忘れないこと】

最後のポイントは、「感謝を忘れない」ということで、これはすべての行動の基本だと思います。そして感謝を忘れないためには、何か思うようにならなかった時に「人のせい」にするのではなく、「**自己責任**」を貫くことが大切でしょう。

私の好きな言葉のひとつに、

「Ask not what your country can do for you, ask what you can do for your country」

という、ジョン・Ｆ・ケネディ元アメリカ大統領の演説の一文があります。

「国があなたのために何ができるかを問うより、あなたが国のために何を行なうことができるか問うて欲しい」という意味の有名な言葉ですが、これはとても大事な視点だと思うわけです。

「国」という部分を「家族」とか「会社」とか「友達」に置き換えてみてください。「何かをしてもらうことが当たり前」という視点になると、「感謝」の気持ちも芽生えないのではないでしょうか。

また、以前、高野山でお話を伺ったある僧侶の方が、「思い通りにならないのが人生。思うようにいったら、それは感謝しないといけないのに、多くの人は、思うようにいかないことに文句をいっている」とおっしゃっていたのも印象的でした。

私が考える「幸せな家計を築くためのポイント」は、お金に関する知恵ももちろん含まれていますが、突き詰めると、すべてこの「感謝」に集約されるのです。


以上、18のポイントについてお話してきましたが、ここでご紹介した話は、目標を達成するために必要な行動を整理したものだと考えることができますし、つまり、資格取得のための学習を検討されてこの本を手に取っていただいた皆さんにとっても、大変重要なことだと思うので、ぜひ一度は意識してみてください。

自分に役立つことは、まわりの人にも役に立つ

ＦＰ技能士試験に合格するということは、「ファイナンシャル・プランニングにかかる技能」が身についたことが証明されたということですが、もちろん学んだことがいきなり実践できるわけではありません。

現実には、ひとつの分野をとってみても試験で学習した内容よりはるかに多くの学ぶべきことがあります。それでも、学んだ知識が自分自身の生活に役立つということは、５章で触れました。

そしてもちろん、自分だけではなく、同じようなことを気にしていたり、悩んでいる方は、自分のまわりにもたくさんいると思います。

ＦＰ資格を取ったから、ＦＰの仕事をしなければいけないことはありませんが、身のまわりのお金に関することについて「誰かに聞きたいけど、誰に聞いたらいいかわからない」と思っている方は意外と多いものですから、**「資格を取得した」ということをぜひまわりの方に伝えて欲しい**と思います。

ここでアピールする目的は「自分のことを知ってもらう」ことではなく、「ちょっと聞いてみたいけど誰に聞けばいいかわからない」というまわりの人に、「あ、○○さん、Ｆ

Pの資格取ったんだ。じゃあちょっと教えてくれない？」ということで、身近にいる友人や知人に役立てるきっかけをつくることに他なりません。

あまり近い友人には聞きにくいという面もあるのは事実ですが、ちょっとしたことを気軽に聞ける人が身近にいるというのは、ありがたいことですし、実際、私もまわりの方から「ちょっと教えて欲しい」といわれることが結構あるものです。

それと、人からの相談を受けるようになると、当然わからないことも出てきます。自分のために役立てているだけの段階では、わからないからいいや、と諦めてしまうことでも、人に頼ってもらえたことで、「今はちょっとわからないけど、調べてみるね」という流れになり、知識が深まったり、幅が広がったりする効果が出てきます。

さらに、そうして学んだことを、SNS等のツールを使って定期的に発信していると、そこから輪が広がっていき、思わぬ人脈が築けることになるかもしれません。

自分に役立つことが人にも役に立ち、人の役に立っていることで、自分の世界が広がるというのは、素敵なことではないでしょうか。

ＦＰ資格に合格した先に広がる世界

ここでは、ＦＰ試験に合格した後、資格を活かす仕事について、少し触れておきたいと思います。

ＦＰの知識を身につけることによって、生活の中で関わる「お金の課題」については、かなりの部分を自分自身で解決することができるようになるということ、そしてその知識が身近な人のためにも役立てられるということはすでに触れましたが、もう少し突っ込んで、それを仕事にするケースを考えてみましょう。

■企業系と独立系

ＦＰを仕事として考えた場合に、「企業系」と「独立系」と呼ばれる大きなくくりがあります。この言い方が望ましいかどうかは意見の分かれるところですが、ＦＰ業界では以前から使用されている呼び名ですので、あえてそのまま使わせていただきます。

まず「企業系ＦＰ」というのは、文字通り**企業の中でＦＰ資格を活かす**という立場ですが、具体的には、**銀行、証券、保険会社等の金融機関**を中心に、その構成員（正社員や契約社員等）として、ＦＰの資格を肩書に入れて働くパターンです。金融機関以外では、**住宅メーカー**などでもＦＰ資格者をよく見かけるようになってきているようです。

３級ＦＰ技能士の累計合格者数は、２００２年度〜２０１２年度までの11年間に約60万人となっており、また日本ＦＰ協会の個人会員数は約19万人となっています。正確な実態は把握されていないのですが、日本においては、仕事でＦＰを使っている人のうち９割ぐらいがこの「企業系ＦＰ」ではないかといわれています。

企業系ＦＰの方は、お仕事に関係する範囲である限り相談などは無料で受けてくれますし、上手に活用すればとても心強い存在ではありますが、最終的には自社商品の販売が目的となることがほとんどです。もちろんこれが悪いというわけではなく、自分の求めている商品があり、納得できるのであればいいわけですが、選択肢が限られてしまうという面と、「商品の購入は必要ない」という結論が出しにくいという点は否めません。

一方で「独立系FP」は、特定の金融機関に属していないということが基本であるため、前述のような「自社商品の販売」という点についての制約がなく、**100%顧客の意向に沿ったプランを考えることができる立場**といえ、これが大きなメリットとなります。一方で、金融機関（主に保険会社）の代理店をしている場合等を除き、最終的な商品を提供できるわけではありませんから、プランの実行の際には相談者が自分自身で改めて契約等の手続きを行なう必要があるほか、**相談を受けることに対して相談料が発生します**。

相談料については、FPによっていろいろなパターンがありますが、日本FP協会が会員を対象に実施した「FP実態調査（平成22年）」によりますと、1時間当たり6800円というのが全国平均の水準となっています。

こうした点から「中立」であるとされる独立系FPですが、実際のところ**「金融機関の代理店（特に保険の代理店）」をされている方がかなりの確率で存在**します。このこと自体もよいとか悪いということではなく、仕組みをしっかり理解したうえで上手に活用されればいいのですが、「独立系FPがいっていることは常に中立な意見」であるとは限らない、ということも注意しなければいけないポイントとされています。また、そもそも「中立」ということ自体、その定義は極めて曖昧なものである点も意識しておきたいことです。

これらの実態は「FPとして働くこと」を考えた場合にも大いに参考になるでしょう。つまり、どこにも縛られることなく、自分の判断においてお客様にアドバイスができる立場である代わりに、自分の責任において収入を確保する必要がある独立系という存在と、通常通り就職活動をする中で、FP資格を活かしながら給与を得られる立場となる企業系FPという存在。どちらが自分自身の仕事のスタイルとして向いているのかを考えるのがいいのではないでしょうか。

なお、日本において、FPという職業はまだまだ未知のものであり、企業系FPを目指す場合でも、必ずしも「FP資格の保有が就職に有利」ということはありません。一方で、世の中では確実にその存在が知られてきていますので、これからはもっと違う形で仕事に活かす形態が出てくるかもしれません。

■講演・執筆・相談

FPの業務には、人前で話をして情報提供を行なう「講演業」、原稿を書くことで情報提供を行なう「執筆業」、お客様の具体的な相談に応じる「相談業」の3つがあります。ここでは、独立系FPとなった場合の、この3つの業務についての概略をお伝えします。

まず講演業ですが、これは文字通り人前で話をするものですから、どうしても得手不得手があるものです。もちろん、どんな仕事でもそうであるように、訓練をすることで乗り越えることは可能です。

講演業と一言でいっても、資格取得のための受検対策講座の講師をする場合と、一般の人に向けた情報提供としての講演を行なう場合では、求められる内容やスキルには違いが出てきます。最近では、企業内における社員向けのライフプラン研修から、カルチャースクールなどでのお金に関する様々な講座、大学や高校などで学生や先生などを対象とした講演など、FPが話をする機会というのはどんどん広がってきていると思いますから、誰にでもチャンスはあると思います。

こうした「依頼を受けて話をするケース」の他にも、「自分で企画して集客して講師を務める」ということも可能ですし、インターネット上の動画サイトを利用して、自分の講義をネット配信することも容易にできる時代になっています。きっかけはたくさんありますので、自分が目指す講師像に近づくにはどうすればいいかを意識し、経験を積まれるといいのではないでしょうか。

執筆業は、文章を書く仕事となりますが、こちらのほうも、依頼を受けて書く仕事から、ブログやメールマガジンのように、お金をかけずに、自分の書いた文章を気軽に発信できる場まで様々な方法があります。

10年前であれば、すでに原稿を書く仕事をされているFPのアシスタントのような形で文章を書くお手伝いをすることなどからスタートするケースが多かったですが、今やブログやメールマガジンを利用すれば誰もがすぐにでも、世界中の人々に自分の文章を読んでもらうきっかけがつくれます。

興味のある方は、今の時代の充実したネット環境を活用し、あれこれ考えずにまず書き始めてみることが一番でしょう。

そして相談業務。

講演や執筆は、「自分が話すことや書くこと」があらかじめ決まっていますから、それに向けて事前準備をする時間を取ることができます。しかし個別相談は、その場でお客様からどんなお話が出てくるかわかりませんから、講演や執筆以上に経験や知識が問われるものだと思います。

もちろん、15年以上この業務を続けている私でも、「それはすぐにはわからないので、調べてきてまた報告します」ということが起こるように、どこまでいっても完璧になることはあり得ませんが、やはり「幅広い知識」を前提に、一つひとつの知識をより深くしていく努力は欠かせないと思います。

本業にも役立つ、FP資格のメリット

前項では、FP資格を活かして仕事をするパターンを取り上げましたが、FPという資格を前面に出すことはなくとも、ご自身が現在関わっている仕事にFP試験で学んだ知識が活かせることは数多くあるでしょう。

FPはライフプランという生活の根っことなる部分の知識を押さえていますから、銀行、保険、証券等の金融業界はもちろん、不動産業界や教育産業、冠婚葬祭に関わる業界など、人の生活や人生に関わる仕事である限り、必ずどこかに接点があります。また、直接の仕事では関係がなかったとしても、その会社の従業員の方に対するライフプラン相談や、労働組合の活動などでも、FPの知識が活かせる場面は数多く出てきます。

そして、**本業ではなかなか得られない様々な分野の方との人脈が築ける**という点も大きなメリットになるでしょう。

ＦＰ資格は、勉強して試験に受かって終わり、というわけではなく、特に日本ＦＰ協会に登録した場合、２年ごとに資格の更新が必要となるうえ、更新するためには２年間の間に所定の時間数以上の研修（継続研修）等を受ける必要があります。

こうした研修は、金融機関などでは社内で行なわれるケースもありますが、多くの場合、休日などを利用して自分で受けることになり、そこには様々な分野から多くのＦＰが参加していますから、日頃の仕事の中では出会うことがない、様々な分野の人脈ができることになります。

その人脈が直接本業につながるかどうかはさておき、幅広い人脈を持っていることは、仕事のうえでもご自身のこの先の生活のうえでも決して損にはならないでしょう。

その他では「士業」の方が業務の幅を広げる場合にもＦＰは大いに役に立ちます。お金の関わるところには税金が関わるということもあり、税理士資格との親和性は強いですし、社会保険労務士や司法書士、行政書士の方が、クライアントの幅広い要望に応えるべく、ダブルライセンスとしてＦＰ資格を習得するケースも少なくありません。

特に、相続の分野では、不動産の登記から、社会保険の手続き、金融機関の手続き、引き継いだ財産の管理に至るまで、まさにFP資格取得の際に学ぶ分野のオンパレードですから、最初の相談を受ける役割としてFPがもっとも適しているのではないかと思います。

ここまで、前向きな話ばかりを書いてきましたが、一方で、デメリットがあるとすれば、「ファイナンシャル・プランナーという資格が、日本ではまだまだ仕事として確立されていない」という点がすべてでしょう。

つまり、正しいやり方というか、**見本となるステップアップの方程式のようなものがないわけですから、手探りで携わるしかないこと**も多く存在します。そして、そのことは「適正な料金をいただくことが難しい」ことも表わしています。

仕事として適正な料金をもらうことができなければ、いくら想いや気持ちがあっても事業として継続することができませんから、この辺りの仕組みをしっかり組み立てることが、継続できるかどうかの分かれ目になってくることでしょう。

シンプルへの回帰

私がＦＰとして出会ってきた多くの人の中で、印象に残っている方というのは何人もおられますが、２００８年10月に出会ったＳさんもそのお一人です。

当時、世の中では「リーマンショック」という言葉が広がり、投資をしていた多くの人が、大きな損失を出して呆然となり、世界中の金融機関が危機に陥るような切迫したニュースが流れていました。

そんな時、「将来設計のことについて一度話を聴いてみたい」ということで、共通の知り合いの方を通じてご縁をいただいたＳさんと、資産運用に関する話題の中で以下のような会話を交わしました。

Ｓさん「いろいろと騒がれているみたいですけど、皆さん何をおっしゃっているのですか？」

私　「私がお聴きする多くの話は、投資で大きな損を出して大変だという話です」
Sさん「ああ、そうなんですか。そういえば株価もすごく下がってるし、為替も円高になってて、皆さん大変なんですね」
私　「Sさんは影響はなかったのですか？」
Sさん「いやいや、私には全然関係ない話ですよ。だって株も投資信託も何もやってませんから。今の時代それではいけないのかもしれないですけどね」

細かいニュアンスや言葉は覚えていませんが、こんな感じのとてもゆるい話が続く中で、何が印象的だったかというと、「この人こそ、世の中の情報に振り回されていない人だな」と思ったことです。

世の中で何が起こっているかに無関心というわけではなく、それなりにニュースはご覧になっているのですが、それに心を奪われることなくとても幸せな生活を送っています。

その当時で50歳を少し超えた年齢だったと記憶していますが、お話をしていてわかったことは、投資に関しては、様々な商品をすすめられてきたけど、とにかく**自分が理解できないことにはまったく手を出してこなかった**、という点です。

会社員として働くことで得たお金で家族四人の生活を支え、間もなくお子さんの教育費負担が終わりを迎える時期。住宅ローンはまだ少し残っておられましたが、退職までには完済できる予定となっており、退職金がゼロになってしまったとしても、その後の夫婦二人の生活には不安がない状況を築かれていました。

私に対して確認したかったことは、「自分が考えているこのプランに、何か気になる点や、気づいていない落とし穴がないか」ということで、ご自身でつくられた簡易なライフプラン表の数字を見せていただきながら、お話ししました。

ここでお伝えしたいのは、「投資に手を出さないほうがいい」ということではありません。興味のある方は、積極的に始めていただくこともとても大切なことだと思います。

でも、もし「やらないといけない」という義務感や、「何か始めないと取り残される」という強迫観念から投資をされている方、始めようとされている方がいるのでしたら、「本当にやらないといけないのか?」ということを今一度考えてみるのもいいのではないでしょうか?

住む所があって、愛する家族や仲間がいて、稼いだお金の範囲内での生活をし、多少の蓄えがあって、時々自分の好きなことができて……。当たり前の話ですが、これで十分に幸せな生活を送ることができるのではないか、ということです。

そこには、株式投資の基礎知識や生命保険の必要保障額の計算なんていうものはありませんが、それでも特に困ることはないんだという現実です。

つまりは、あれもこれもと心配の種をつくるのではなく、**シンプルであることが、心の平穏につながっている**のかもしれない、という思いです。今の世の中、経済の動きを無視して生活を送るわけにはいきませんが、日常生活レベルでは、そんなに意識しなくても問題ないのも事実だと思います。

もちろん、そうはいってもみんながみんなこうした状況を手に入れられるわけではないでしょう。稼いだお金の範囲内では生活がままならない状況の方や、多少の蓄えがなかなかできない方も数多く見てきています。

また、たとえ今は十分にゆとりのある状況であったとしても、数年後には環境が大きく変わってしまうこともあるでしょうし、いろいろなトラブルに巻き込まれてしまうこともあるでしょう。何かの拍子に、変な投資や商品に手を出してしまうこともあるでしょうし、病気やケガで経済的に困難な状況に陥ってしまうかもしれません。

だからこそ、最低限の知識を学んでおくことは意味があるわけですし、なかなかすべての情報を追いかけきれない人々のために、我々FPという存在があるのでしょう。

一方で、知れば知るほどややこしくなっていくことがあるのもまた事実です。

学校の勉強を考えてみた場合、「整数の足し算」しか出てこないうちは、どんな問題でも解けるかもしれませんが、掛け算や割り算、分数や小数点が出てくるとだんだんややこしくなり、中学になって因数分解なんてものが出てきたら、ちょっとやそっとの勉強ではわからなくなってしまいますよね。

保険や資産運用も同じです。

保険が2種類しかなくて、「貯蓄タイプ」か「掛け捨てタイプ」かどっち？　という選択であれば、自分が望むものをすぐに決められるでしょう。

でも、そこに、「保険は掛け捨てタイプにして、貯蓄タイプとの差額を別途積み立てた場合に、年○％以上で運用できれば、貯蓄タイプを選ぶより有利」という知識が加われば、さっきより悩む時間が長くなるかもしれません。

運用にしても、銀行の預金しか知らなければ、せいぜい金融機関による金利の違いぐらいしか悩む要素はありませんが、そこに外貨預金や投資信託、国債、株……という商品も選択肢に加わってくると、なかなか決められなくなってしまいますし、まわりの情報に惑わされる（振り回される）ことにもなるでしょう。

そして「預貯金よりは儲かりそうだから、株で運用しよう」ということにした結果、株式市場の下落により、大きな損失を被ってしまうケースも。「こんなことなら、株なんて知らなければよかった……」ということになりかねませんよね。

「シンプル・イズ・ベスト」という言葉は、今の時代だからこそ、意識しておきたいですが、これは「何も知らないからシンプルにする」ということではなく、「いろいろなことを考えた結果、シンプルな考えに行きつく」ということなのかもしれません。

ＦＰ試験で学んだ知識や情報は、時代の変化に振り回されないための道しるべになるとともに、ぜひ、シンプルさを追求するために活用していきたいと思います。

おわりに　ＦＰが夢見る「ＦＰのいらない世界」

１９９５年11月にＦＰ資格を取得してから、気がつけば18年ほどの月日が流れました。勉強を始める時までＦＰという資格を聞いたこともなかった私が、自分自身の生活環境の変化をきっかけに資格を取得したわけですが、ちょうどその頃は、金融ビッグバンと呼ばれる金融業界の大改革が行なわれている時代で、今まで倒産することがなかった金融機関が次々に破たんする時でもありました。

インターネットの普及に伴って、情報格差が広がっていくうえ、世の中はどんどん複雑になってきましたが、その一方で「自己責任」という名の下、特に金融業界での自由化が急速に進んでいましたから、知らなければ不利益を被ってしまう、という出来事もいろいろと出てきた時期でもあったわけです。

生命保険会社で実務経験を積んだ後、２００1年に独立した私は、とにかくこの情報格差を少しでも埋めていきたいという思いで、多くの相談をお受けしたり、機会があれば様々な場所でお話をさせていただいてきたのですが、２００５年にスタートしたブログを皮切りに、インターネット上での情報提供を積極的に行なってきました。

その背景にあるのは、「自分で選択できる消費者を増やすこと」であり、特に生活に必要な金融知識を身につけるには、ＦＰの学習をするのが一番手っ取り早いわけですから、そのためにも「一人でも多くの人にＦＰの知識を身につけて欲しい」という想いです。

これを私は「**国民総ＦＰ化**」と呼んでいます。

文字通りに読むと「国民みんながＦＰの資格を取るといい」というように見えますが、もちろんそういうわけではありません。

いってみれば、車の運転免許証と同じで、「多くの人が保有しているし、家族の中に持っている人がいると便利」という状況をつくりたいという意味合いになります。

警察庁の統計によりますと、運転免許証の保有者は平成22年時点で８１０１万人。免許取得が可能となるのは18歳以上ですが、平成22年の総人口１億２８０５万人を分母にした場合でも、63・３％が保有していることになりますし、日本の世帯数の５１８４万と比較すると、明らかに「一世帯に一人以上」が免許を持っている計算になります。

さすがにＦＰ資格の保有者がこの人数になるというのは考えられませんが、運転免許証を持っている人の４分の１ぐらいの感覚として、約２０００万人。できれば、今後10年で１０００万人、20年でこの２０００万人は「ＦＰの知識を身につけている人」がいるといいなと思っているわけです。

もちろん、この人数を確保することが目的ではありません。

このぐらいの人たちが、ＦＰに関わる基本的な知識を身につけていれば、自分の身近に必ず一人はＦＰがいるという状態になり、そうなると、将来に対していたずらに不安ばかりを煽る状況にはならないでしょうし、よくわからない複雑な金融商品に振り回されることもなくなるでしょうし、相続などで、大切な家族の絆にひびが入ってしまうような状況にもならないのでは、と思うのです。

もちろん、知識があるだけではどうしようもないですし、あまりにも短絡的な考えであることは承知していますが、イメージとしては、「成人した国民の４人に１人が警察官だったら、犯罪は激減するのではないか？」という考えに近いかもしれません。

あくまでもたとえですが、これは当然「警察官を増やすこと」が目的ではなく、「警察官があらゆるところにいることで、犯罪が激減し、安心して生活できる世の中を実現する」ということが目的です。警察官を増やす、というのは手段のひとつに過ぎないわけです。そして、平和な世の中が実現した暁には、警察官の必要性はなくなるかもしれません。

ＦＰに関連する話でも、多くの人がＦＰの知識を当たり前のように持ち、情報に振り回されずに判断できるようになれば、もはやＦＰの存在は必要なくなるかもしれません。しかし、お金に関しては、そのほうが幸せな状況なのではないでしょうか。

不安を感じることなく、自分のことは自分で判断できる。あるいは、身近に気軽に相談できる相手がいる。そうなると金融関連のトラブルは激減するのではないかと感じます。金融商品は、目的に応じたシンプルなものだけがあり、多くの人は情報に惑わされることなく、日々の生活を楽しんでいる。何だか話が飛躍し過ぎているかもしれませんが、イメージとしてそういう世の中になればいい、という想いがあるわけです。

20年後といえば、現在42歳の私が62歳になっているわけですから、今すぐに動き始めても、元気なうちに夢が実現できるかどうかはわかりません。そんなことを考え出すと、本当に時間を無駄にはできないと思うのです。

一度の挑戦では達成できないことがあるかもしれません。

途中でつまずいてしまうこともあるかもしれません。

最初の考え以上に時間がかかってしまうかもしれません。


でも、そこで立ち止まってしまったら目標を達成することはできないじゃないですか。

「首位打者」を目標にした選手が、今年の首位打者を取れなかったからといって、そこで練習を投げ出してやめてしまえば、もう二度と首位打者になることはないでしょう。

諦めずに続けることで、次の年に首位打者になるかもしれません。

次の年がダメでも、5年後に首位打者になるかもしれません。


もちろん、だからといってただがむしゃらにやればいいわけではなく、努力の方向性が間違っていたらいつまでたっても目標に到達することが難しいでしょうから、時には立ち止まって、人の意見に耳を傾け、軌道を修正することが必要かもしれません。

それでも、自分が想う理想の世の中に近づいていくことを信じて、これからも様々な場面で情報を発信していきたいと思っています。

この度の出版においては、偶然のご縁の中、「FP試験勉強法についての書籍を書きませんか」というお声がけをいただいた同文舘出版の津川雅代氏に大変お世話になりましたこと、この場を借りて御礼申し上げます。

また、休日に家にいる時も、仕事部屋に籠って原稿執筆に費やす時間が多かった私を、何の不満もいわずに支えてくれた妻と三人の娘たち、いつまでも手のかかる息子を気にかけてくれている両親にも感謝の意を表します。ありがとう。

2013年9月

栗本　大介

著者略歴

栗本大介（くりもと　だいすけ）
有限会社エフピーオアシス　代表取締役
栗本大介のFPスクール　代表
ファイナンシャル・プランナー（CFP®認定者）、1級ファイナンシャル・プランニング技能士、滋賀県金融広報アドバイザー、金融知力普及協会認定インストラクター、びわこ学院大学非常勤講師、日本定年力検定協会代表理事。
1971年滋賀県生まれ。立命館大学卒業後、個人的な興味から大手資格スクール在職中の1995年にFP資格を取得。ソニー生命保険株式会社を経て、2001年にFPとして独立。現在は、家計に関する多くの相談を受けながら、大学や企業、各種団体などを中心に年間100回を超える講演を行なうほか、16年に及ぶFP試験対策講座の講師経験を活かし、資格取得のための「栗本大介のFPスクール」をインターネット上で運営。「国民総FP化」を目指し、FP知識の普及活動に力を入れている。また、専門家プロファイルの相談員やメールマガジンの配信を行なうほか、テレビやラジオにも出演している。2010年に「金融知識普及功績者」として金融庁と日本銀行から表彰を受ける。22歳で結婚し、大学生・高校生・中学生の3人娘の父親でもある。

栗本大介のFPスクール　http://fp-school.net/
ブログ：FP栗本の幸せ日記　http://blog.livedoor.jp/kurisuke701/
メルマガ：幸せな家計を築く18のポイント
http://www.mag2.com/m/0000216963.html

過去問で効率的に突破する！
「FP技能検定」勉強法

平成25年9月25日　初版発行

著　者――栗本大介

発行者――中島治久

発行所――同文舘出版株式会社
東京都千代田区神田神保町 1-41　〒101-0051
電話　営業 03(3294)1801　編集 03(3294)1802
振替　00100-8-42935　http://www.dobunkan.co.jp

©D. Kurimoto
ISBN978-4-495-52491-3
印刷／製本：萩原印刷
Printed in Japan 2013

仕事・生き方・情報を　DO BOOKS　サポートするシリーズ

ファイナンシャル・プランナーで独立・開業する法

北島祐治 著

「独立系FP」のビジネスは、アイデア次第でまだまだ大きく伸ばしていくことができる！　顧客の人生のあらゆるシーンで自らの知識や経験を活かし、信頼関係を築いていこう　本体1500円

経験ゼロでもムリなく稼げる！

小さな不動産屋のはじめ方

松村保誠 著

不動産仲介業で独立・開業して、できるだけ費用をかけずに、軌道に乗せる！　経験ゼロでも、営業ベタでも、人脈ナシでも、自宅開業でもうまくいく「ラクに設ける仕組み」とは　本体1500円

貯めながら殖やす新しい習慣

30歳からはじめる お金の育て方入門

渋澤 健・中野晴啓・藤英人 著

お金についての漠然とした不安を解消するお金の基本から、豊かな人生を過ごすためのお金の育て方、稼ぎ力の身につけ方までを、草食投資隊が伝授する「これからのお金の教科書」　本体1400円

過去問で効率的に突破する！

「宅建試験」勉強法

松村保誠 著

「正しい勉強のやり方＝過去問をマスターすることだけに集中する学習方法」が身につけば、ムリなくムダなく勉強でき、何度挑戦してもダメだった人も、3ヶ月で合格できる！　本体1400円

モチベーションをキープして合格を勝ち取る！

「社労士試験」勉強法

牧　伸英 著

勝利の方程式「合格=品質×時間×目的×習慣」を意識して勉強すれば、確実に合格は見える！テキストの選び方、専門学校の活用法、足切り防止策など、合格への手助けとなる一冊　本体1500円

同文舘出版

※本体価格に消費税は含まれておりません